야무진
자격증
챌린지

**야무진
자격증
챌린지**

초판 1쇄 발행 2025년 12월 12일

지은이	배상권
발행인	권선복
편 집	권보송
디자인	김소영
전자책	서보미
마케팅	권보송
발행처	도서출판 행복에너지
출판등록	제315-2011-000035호
주 소	(157-010) 서울특별시 강서구 화곡로 232
전 화	0505-613-6133
팩 스	0303-0799-1560
홈페이지	www.happybook.or.kr
이메일	ksbdata@daum.net

값 20,000원
ISBN 979-11-24134-05-4 (13190)

Copyright ⓒ 배상권, 2025

* 이 책은 저작권법에 따라 보호받는 저작물이므로 무단전재와 무단복제를 금지하며, 이 책의 내용을 전부 또는 일부를 이용하시려면 반드시 저작권자와 〈도서출판 행복에너지〉의 서면 동의를 받아야 합니다.
* 잘못된 책은 구입하신 곳에서 바꾸어 드립니다.

도서출판 행복에너지는 독자 여러분의 아이디어와 원고 투고를 기다립니다. 책으로 만들기를 원하는 콘텐츠가 있으신 분은 이메일이나 홈페이지를 통해 간단한 기획서와 기획의도, 연락처 등을 보내주십시오. 행복에너지의 문은 언제나 활짝 열려 있습니다.

직장인 인생을 바꾼 12가지 도전

야무진 자격증 챌린지

배상권 지음

Prologue

40세.

커리어는 안정적이었지만 마음은 서서히 바닥으로 가라앉고 있었습니다. 온라인 쇼핑 업계에서 15년 넘게 달려왔고, 직함도 남들이 부러워할 만한 위치였습니다.

그러던 어느 날, 거울 속 제 표정이 낯설게 느껴졌습니다. '이대로 흘러가도 괜찮을까?' 미래가 불안했습니다.

게다가 초등학교 5학년이던 딸과의 관계도 달라지고 있었습니다.

"아빠, 나 친구랑 약속 있어."

그 말을 듣는 순간 깨달았습니다. 딸과의 거리가, 그리고 제 삶의 온도가 동시에 식어가고 있다는 것을.

저는 딸과 다시 가까워지기 위해 그녀의 관심사를 유심히 살폈습니다. 아이돌, 친구, 그리고 역사 체험 학원.

그때 문득 번뜩이는 아이디어가 떠올랐습니다.
"같이 한국사능력검정시험 준비해 볼까?"
그날 밤, 시험 일정과 교재, 강의를 바로 찾아 결제했습니다. 목표는 단순했습니다. 합격이 아니라 '함께'였습니다.
그렇게 시작된 작은 도전은 저의 40대를 완전히 바꿔 놓았습니다.

7년 동안 회사 생활과 병행해 12개의 자격증을 취득했습니다. 처음엔 딸을 위한 공부였지만, 어느새 저 자신을 위한 도전이 되었고, 그 과정에서 자존감이 회복되고 삶의 방향도 바뀌었습니다.

이 책은 자격증을 통해 성장한 제 삶의 기록입니다.
누구나 도전할 수 있는 자격증이지만, 그 안에 제가 얻은 공부법, 시간 관리법, 그리고 실패와 성취의 순간들이 담겨 있습니다.
제 좌우명인 "야무지고 겸손하게"처럼 세상을 대한 제 이야기가, 여러분에게도 새로운 출발점이 되길 바랍니다.

2025년 11월

배상권

추천사

직장 동료이자 나의 직속 상사, 그리고 15년을 함께해 온 친구는 언제나 조용하지만 강한 사람이었다. 말보다 행동으로 보여주고, 목표를 세우면 끝까지 해내는 사람이다.

자녀의 유학으로 가족과 떨어져 지내던 시기에도 그는 시간을 흘려보내지 않았다.

도전에 실패했을 때도 배움을 얻어 다시 공부에 몰두했고, 결국 많은 것을 해냈다. 그 과정을 옆에서 지켜보며, 나는 '계속 반복하는 도전'이 얼마나 위대한지 새삼 느꼈다.

이 책은 단순한 자격증 도전기가 아니라, 한 사람이 스스로를 단단하게 세워나가는 성장의 기록이다.

그가 도전할 때마다 나도 덩달아 마음이 움직였지만, 나는 늘 중도에 포기하곤 했다. 그래서 그의 꾸준함은 내게 존경이자 반성이다. 오랜 친구로서 그의 진심과 열정에 깊이 응원과 박수를 보낸다.

이 책을 다시 읽으며, 나 또한 포기했던 시기를 떠올려 다시 야무지게 도전할 동기부여를 얻고자 한다.

— W컨셉 팀장 조성은 님

G마켓에서 14년을 함께한 동료이자, 인생의 긴 여정을 나눈 친구로서 배상권 님의 새로운 도전을 진심으로 응원합니다.
　이 책은 딸과 함께 시작한 작은 목표가 어떻게 7년, 12개의 자격증, 그리고 인생의 방향까지 바꿨는지 보여줍니다.
　곁에서 보아 온 그의 성실함과 꾸준함, 그리고 가족과 함께 성장한 이야기는 많은 이들에게 용기와 영감을 줄 것입니다.
　우리 모두에게 '야무진 자격증 챌린지'가 새로운 출발점이 되길 바랍니다.

― GS 리테일 상무 서동우 님

　자격증 시험을 준비하는 모든 이들에게 구체적인 공부 전략과 꾸준함의 중요성을 상기시키며, '나도 할 수 있다'라는 강력한 동기 부여를 선사하는 필독서입니다.

― 영국 Fragrance, Senior Perfumer 이주석 님

배상권 님의 『야무진 자격증 챌린지』는 7년에 걸친 도전과 성취의 기록을 바탕으로, 직장인에게 실질적인 동기부여를 주는 책입니다.

기러기 아빠 생활 속에서도 다양한 자격증을 취득하며 쌓은 경험과 노하우를 따라 하기 쉽게 정리해 누구나 실천할 수 있도록 안내합니다.

단순한 자격증 가이드가 아니라, 자기계발과 인생 설계에 대한 깊은 통찰을 담아 읽는 내내 '나도 도전할 수 있다'라는 용기를 주는 책입니다.

- 『인플루언서 되는 법』, 『나다운 게 뭔데요』의 작가 신소라 님

"시간이 없어…", "피곤해…"

직장인끼리 자기계발 이야기를 나누다 보면 늘 나오는 말입니다.

"주식은 좀 하니?", "부동산은 어디가 좋아?" 재테크가 대화의 중심이 되는 시대에, 저자는 삶을 바라보는 관점을 완전히 달리했습니다.

그는 꾸준히 자기 삶을 사랑했고, 그 결과 7년간 12개의 자격증을 취득하는 놀라운 성과를 만들었습니다. 그 과정의 기록이 바로 『야무진 자격증 챌린지』입니다.

자신을 사랑하고, 사랑해야 하며, 사랑하고 싶은 모든 이들에게 권합니다.

- ㈜핀에셋투자자문 자문역 홍승표 님

가까이서 본 그는 늘 진심으로 배우고, 꾸준히 성장하는 사람이었습니다. 『야무진 자격증 챌린지』는 그런 그의 삶의 태도를 그대로 담은 기록입니다.

가족을 향한 사랑에서 시작된 작은 도전이, 결국 자신을 단단하게 세우는 여정이 되었듯, 이 책은 '도전'이 거창하지 않아도 인생을 충분히 바꿀 수 있다는 사실을 보여줍니다.

15년 넘게 함께 일해 온 동료로서, 이 진심 어린 도전을 마음 깊이 응원합니다.

— G마켓 개발담당 손경구 님

누구나 생각은 하지만 실천은 어렵습니다. 무언가 해야 한다고 생각하면서도, 특히 바쁜 직장인의 삶에서는 더욱 그렇습니다.

이 책은 그 어려운 '실천'에 관한 이야기이며, 일상에 머물러 있는 우리에게 강한 환기를 주는 기록입니다. 변화를 원하는 모든 분께 이 책을 강력하게 추천합니다.

당신의 다음 도전이 이 책으로부터 시작될지도 모릅니다.

— YES24 마케팅본부장 김주성 님

Prologue • 4
추천사 • 6

 Part 1. 시작은 딸로부터, 도전은 나로부터 • 13

 **Part 2. 12개의 자격증, 7년의 기록** • 19

[2018~2020 기반 다지기]

1. 한국사능력검정시험(2018.02) – 자격증 루틴의 첫발 • 21
2. 자격증에 빠져든 환경 변화 • 30
3. 공인중개사(2019.12) – 엉덩이 힘을 키운 첫 경험 • 35
4. 주택관리사(2020.12) – 부동산 전문가로 들어서다 • 48
5. 세무사 – 실패에서 배운 것 • 57

[2021~2022 : 연계 및 영역 확장]

6. 소방안전관리자(2021.09) – 연계 자격으로 확장 • 66
7. 지게차운전기능사(2021.10) – 현장형 자격 도전 • 74
8. 초경량비행장치 조종자(2022.11) – 드론의 세계 입문 • 84
9. 굴착기운전기능사(2022.12) – 중장비 자격의 끝판왕 • 92

[2023~2024 : 취미와 전문성 융합]

10. 생활스포츠지도사 2급(골프)(2023.12) – 취미를 자격으로 • 101
11. 초경량비행장치 교관(2024.03) – 기술의 전수 • 112
12. 골프 레프리 레벨1(2024.05) – 골프 규칙 전문가 되기 • 121
13. 보트면허/일반조종 2급(2024.05) – 육해공 자격증 완성 • 130
14. 개인정보관리사 CPPG(2024.12) – 디지털 시대 필수 역량 • 141

Part 3. **야무지게 실행하고 깊게 깨닫다** • 149

1. 직장인 자격증 공부법 • 150
2. 7년, 12개의 자격증 여정 후의 깨달음 • 157

Epilogue • 168
하루 2시간의 기적 – 5년 내 정보관리기술사 합격 선언문 • 170
출간후기 • 175

시작은 딸로부터,
도전은 나로부터

저를 알면 제가 왜 이런 자격증들을 선택해 왔는지 이해하는 데 도움이 될 것 같아, 부끄럽지만 소개를 드립니다.

제 이름은 배상권입니다.
77년생 '빠른'이라 학번은 95학번이고, 2025년 기준 만 48세입니다.

학창 시절은 강남 8학군에서 초·중·고를 평범하게 다녔고, 전자공학을 전공해 석사까지 마쳤습니다.
사회생활은 두 회사에서 했습니다. 첫 직장은 팬택앤큐리텔에서 휴대폰 개발자로 시작했고, 현재는 G마켓에서 기획 부서 리더로 일하고 있습니다. 업계에서는 PM(Product Manager)이라 불리는 온라인 쇼핑 서비스 기획 직무입니다.

공대 전공을 꼭 하고 싶어서 선택한 건 아니었지만, 무언가 만들고 조작하는 것을 좋아하긴 했던 것 같습니다.

회사는 직주근접이고 근무 시간도 비교적 유연해 시간 관리는 자유로운 편입니다.

26살에 조금 일찍 결혼해서, 언제나 제 인생의 방향을 함께 고민해 주는 아내와 지금은 호주에서 대학 다니는 딸이 있습니다. 덕분에 제 개인 시간도 많은 편입니다.

취미는 테니스, 골프, 자전거, 그리고 움직이는 레고 만들기입니다. 공대 출신 맞습니다.^^
MBTI는 ISFJ이고, 'J'가 강해 매우 계획적인 스타일입니다.

전반적으로 인생이 순탄한 편이었지만, 단 하나. 초등학교 시절 지병으로 많이 아팠던 때는 저뿐 아니라 가족도 마음고생이 많았습니다.

제가 존경하는 사람은 부모님입니다.
전라도 시골에서 상경해 공무원을 거쳐 세무사가 되셨고, 지금도 건강을 유지하며 성실히 지내는 아버지와 누구보다 깊은 내조를 보여주신 어머니를 보며, 어린 시절 아파서 마음고생 시켜드린 것을 보답하고자 노력하고 있습니다.

이렇게 살아오던 제 인생에 터닝포인트가 온 건 2017년이 었습니다.

마흔이 되었고, 딸은 초등학교 5학년이었죠.

그전까지 가족 내 제 역할은 '평범하게 회사 다니며 친구처럼 놀아주는 젊은 아빠'였습니다.

그러나 딸이 점점 친구와 보내는 시간이 늘고 자기만의 세계를 확장하는 모습을 보며, 부녀 관계를 넘어 새로운 연결고리가 필요하다는 생각이 들었습니다.

딸이 좋아하는 것을 관찰해 보니 당시에는 여자 아이돌에 푹 빠져 있었습니다. (1년 뒤엔 남자 아이돌로 갈아탔지만요.)

그 시기엔 트와이스 콘서트까지 함께 가서 응원봉을 흔들며 즐겼습니다. 즐거웠지만 콘서트는 그날로 끝나는 이벤트였습니다.

그러다 딸이 다니던 학원 중 하나가 눈에 들어왔습니다. 은퇴한 선생님이 직접 역사 현장을 다니며 구석기부터 근현대사까지 가르쳐주는 한국사 체험 학원이었습니다.

딸이 흥미롭게 듣는 모습을 보며 '역사를 같이 공부해 보면 좋겠다'라는 생각이 들었습니다.

저 역시 사극 보는 것을 좋아하고, 박시백의 『조선왕조실록』

의 열렬한 팬이었기에 자연스럽게 떠올렸던 것 같습니다.

주제는 정했지만, '어떻게'가 고민이었습니다.
같이 책 한 권을 정해 읽을까? 역사 유적지를 함께 가볼까? 며칠 고민하던 중 '한국사능력검정시험'을 알게 됐습니다.
그냥 공부하는 것보다 시험이라는 목표가 있으면 과정도 즐겁고 성취감도 크리라 생각했습니다.
혼자였다면 아마 금방 그만뒀을 겁니다. 하지만 딸과 함께라고 생각하니 동기부여가 달랐습니다.

그날 바로 시험 일정을 확인하고 목표 날짜를 정했습니다. 교재와 강의도 준비했습니다.
대학 시절 취업 준비로 자격증을 비교적 많이 따긴 했지만, 15년 만에 다시 시작하는 도전이었고, 그때만 해도 이 작은 시작이 7년 동안 이어질 줄은 몰랐습니다.
그렇게 제 인생의 두 번째 자격증 여정이 시작됐습니다.

12개의 자격증,
7년의 기록

2018~2020
: 기반 다지기

한국사능력검정시험 (2018. 02)
- 자격증 루틴의 첫발

한국사능력검정시험
자녀와 함께할 수 있는 최고의 자격증

개요

- **내용** 1년에 4번 / 기본, 심화로 구분
- **특징** 50문항 / 응시생 20~30만 / 합격률 20% (1급)
- **난이도** ★★☆☆☆

준비

평균 2~3개월

암기 X 흐름 이해 O

근현대사 의외의 복병

추천

자녀와 함께 공부

역사덕후

취준생

꿀팁

자격증 입문용 최적

최태성 강의 추천

1) 자격증 개요

- **시험 횟수** : 1년에 4번
- **시험 내용**

  종류는 2가지 – 심화(1~3급), 기본(4~6급)

  어른은 심화, 중학생 이하는 기본 도전하면 됨
- **문항 수 / 배점** : 50문항(심화 5지선다 / 기본 4지선다), 문제별 1~3점
- **커트라인** : 종류별로 80점 이상(1급 or 4급), 70~79점(2급 or 5급), 60~69점(3급 or 6급)
- **응시생** : 1년에 20~30만(참조 : 24년 수능 44만)
- **합격률** : 20%(1급 기준)
- **응시 연령** : 초등 / 취준, 대학생 / 시니어까지 매우 다양해서 시험장 풍경이 독특함

2) 난이도 & 준비기간

- **저자 체감 난이도** : ★★☆☆☆
- **평균 소요 시간**(직장 병행 기준) : 전체 기간 8주 / 순공일(실제 공부 기간) 24일(주말 16일 + 평일 금요일 8일)

3) 추천 대상

- 취준생에게 필수! 공무원 시험 등 각종 국가시험에서 국사가 한능검으로 대체되는 추세
- 초등, 중학 자녀와 함께 공부하는 분위기 만들고 싶은 부모님
- 역사 덕후들의 본인 실력 검증용
- 무료한 일상을 바꾸고 싶은 역사 좋아하는 직장인

4) 나의 공부 방법

- **교재** : 최태성 선생님, 별별한국사 1급
- **인강** : 최태성 선생님, 무료 인강(40강)
- 공개된 기출문제 10회분 1회독

5) 경험담

대한민국에 이렇게 차별화된 시험장 모습은 없다

대한민국 자격증 시험 중에 한능검 시험만큼 응시생 연령대가 다양한 시험도 없을 것입니다.

초등학생부터 시니어까지 각자의 목적으로 다양한 연령층의 사람들이 모여있는 한능검 시험장 풍경은 정말 이색적입니다.

그리고 시험장 하면 떠오르는 이미지는 적막함, 긴장감 등일 텐데요.

긴장도가 높아야 할 시험장이 한능검만큼은 왠지 전 국민 백일장 느낌의 밝은 분위기를 주는 독특한 경험을 선사합니다.

시험이면서도 색다른 분위기가 연출되는 한능검을 꼭 경험해 보시길 바랍니다.

내 자녀의 인생 첫 국가시험을 부모가 함께할 수 있는 자격증

진로에 따라 다르겠지만, 살다 보면 무수히 많은 국가시험을 자녀가 접할 텐데요.

부모와 자녀가 그 첫 경험을 함께하는 것만큼 특별한 게 있을까요?

딸과의 공감대 형성으로 시작했던 한능검 준비는 약 2달의 시간 동안 멀어질 뻔했던 딸과의 관계를 돈독하게 해주는 촉매제 역할을 해주었습니다.

자식 키우면서 가장 이쁘다고 하는 때가 4~5살 때인데요. 퇴근하고 집에 오면 '아빠~' 하면서 달려와 안기는 자식들의 모습에 회사에서 받았던 스트레스, 피로가 확 풀리는 경험들 다 기억나실 겁니다.

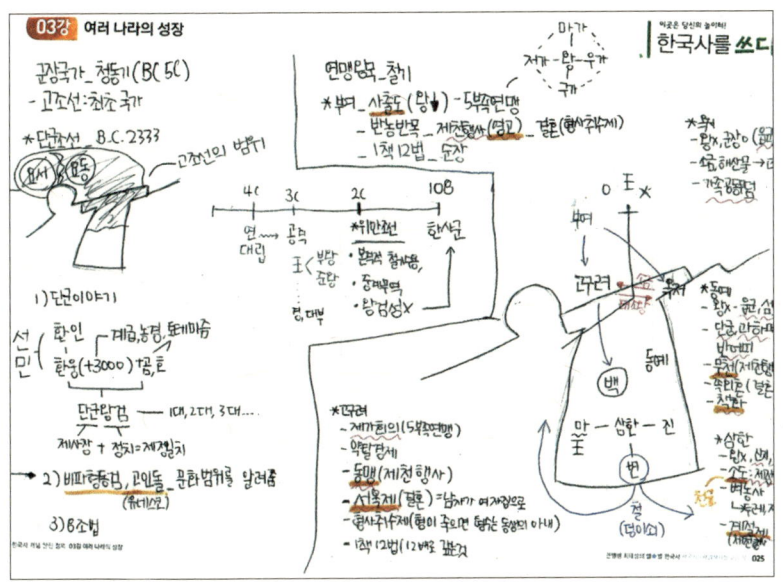

제게 할 질문을 생각하며 필기한 당시의 딸 노트

딸이 초등학생 되고 커 가면서는 자연스럽게 그 기억을 서서히 잊고 살았었는데, 한능검 준비기간에는 또 다른 모습으로 그때의 그 추억을 재현할 수 있었습니다.

퇴근하고 오면, 쪼르르 와서 "아빠! 조선시대 때 ○○ 왕의 업적이 뭔지 알아?", "청동기의 대표 유물은?" 하면서, 낮에 공부한 내용을 제게 자랑하고, 아빠와 역사 배틀하는 재미에 빠진 딸의 모습이, 마치 예전의 그 어릴 때 모습을 연상케 했습니다.

우연한 생각으로 시작했던 한능검 준비가 그 과정 속에서

부녀지간에 돈독함까지 은연중 피어오르게 한 것이었죠.

무엇보다 시험 당일 긴장하는 딸의 모습을 사진 인증으로 남긴 것도 뜻깊었습니다. 딸 인생에 첫 국가시험 모습!

과연, 이 어린이는 나중에 어떻게 성장하게 될까요? 궁금하시지 않나요?

여러분도 남들 다 하는 놀이공원에서의 사진 말고, 앞으로 헤쳐 나갈 인생 첫 시험의 시작을 자녀와 함께해 보시면 어떨까요?

첫 국가시험을 경험하는 딸

역사 공부의 또 다른 동기부여를 주는
인상적인 최태성 선생님의 강의

직장인들은 웬만해서는 대면 수업 참여가 어려워, 자격증 공부에는 인강 교재와 선생님 선택이 중요한데요. 훌륭하신 여러 선생님이 계시겠지만, 저는 최태성 선생님의 한능검 강의를 추천합니다.

최태성 강의의 백미는 예술판서입니다. 예전에 학창 시절 국사는 단순 암기과목으로 여겨져 많은 학생의 기피 과목이었습니다. 최태성 강의는 역사를 스토리텔링으로 재밌게 풀면서 판서를 통해 그 시대의 주요 키워드를 간결하게 잘 요약해서 알려주는 것이 특징입니다.

그리고 무엇보다 강의에 독특한 구성이 하나 있습니다. 바로 '왜 우리는 역사를 배워야 하나'로 시작하는 첫 강의입니다.

단순한 자격증 취득을 넘어 역사 공부가 삶의 태도와 관점을 바꿀 수 있다는 메시지가 담겨 있어, 듣는 과정에서 또 다른 동기부여를 얻을 수 있는 인상적인 내용입니다.

궁금하신 분은 지금 바로 유튜브에서 검색해 보시면 무료로 들으실 수 있습니다.

직장 병행하며 가볍게 입문하기 좋은 자격증

오랜만에 자격증, 시험이라는 것을 시도하려면 낯설고 동기부여 갖기가 상당히 어려운데요. 한능검은 큰 시간 투자 없이도 재미있게 시작할 만한 난이도와 내용을 가지고 있습니다.

앞으로 소개할 여러 자격증 중, 제가 주변 지인들에게 추천하고 실제로 많은 분들이 도전해 성공한 자격증 Top 2 중 하나가 바로 한능검입니다.

25년 올해도 직장동료 중 한 명이 한능검에 도전했습니다. 어느 날 업무를 마치고 몇몇 동료와 치맥하며 대화를 나누다가 자격증 이야기가 나왔는데, 그중 한 명이 최근 소믈리에 자격증을 따며 자격증 도전에 큰 재미를 느꼈다고 했습니다.

그래서 제가 "그렇다면 다음 도전으로 한능검은 어때?" 하고 추천했었고, 자녀와 함께 준비했던 제 경험담에 깊게 공감한 그 동료가 바로 다음 날부터 공부를 시작하더라고요.

친한 동료이긴 했지만, 한능검 덕분에 더 많은 공감대가 생기며 만날 때마다 자격증 이야기를 나눴고, 이야기꽃이 피었습니다.

인상적이었던 것은, 그 동료의 말이었습니다.

한능검 도전은 회사 업무에 전혀 지장 없이, 출퇴근 시간만 활용해서도 바쁜 직장생활 속에서 새로운 활력을 얻는 계기가 되었다는 점이었습니다.

그리고 무엇보다, 그 동료도 자녀와 함께 준비했기에 좋은 추억을 만들고 있다는 이야기에 저 역시 기뻤습니다.

제 동료처럼 오랜만에 자격증에 도전하는 분이라도, 우리가 사극 등에서 익히 접해온 역사라는 친숙한 주제이기에 부담 없이 접근할 수 있으니 꼭 한번 도전해 보셨으면 좋겠습니다.

야무진 실행 팁

한능검은 암기 시험이 아닙니다.
나무 말고 숲을 봐야 답이 보입니다.
역사의 숲을 보게 해주는 최태성 선생님의 예술판서를 활용해서 지금 바로 실행하세요!

자격증에 빠져든
환경 변화

딸의 조기유학과 기러기 생활

제가 앞으로 소개할 자격증들은 단기간에 딴 것이 아닙니다. 무려 6년에 걸친 여정이었습니다. 그리고 그 긴 시간을 투자할 수 있었던 배경에는 제 삶을 완전히 바꾼 큰 환경 변화가 있었습니다.

바로 '기러기 생활'이었습니다.

신혼은 경기도 안양 평촌에서 시작했지만, 딸의 초등학교 입학 무렵 교육을 위해 강남 8학군인 반포로 이사했고, 제가 다녔던 초등학교에 30년 후배로 딸이 입학했습니다.

물론 제 시절과 지금은 많이 달라졌지만, 그래도 이 동네에서 좋은 대학을 보내기 위해 어떤 선행학습을 하고, 학원은 어떻게 다니는지 대략은 알고 있었습니다.

그래서 아내에게 말했습니다.

"4학년까지는 내가 교육에 관여하지 않을 테니, 5학년부터는 나에게 맡겨줘."

이 동네의 입시 시계는 5학년부터 본격적으로 돌아가기 때문이었습니다.

2017년 1월 1일, 딸이 5학년이 되는 날, 저는 입시 준비를 시작했습니다. 모든 준비의 기본은 자료 조사였습니다.

새해 첫날 아침, 동네 앞 스타벅스에 앉아 노트북을 켰습니다. 저도 수능 세대이긴 했지만, 최근 입시는 제가 경험했던 때와는 확연히 다른 모습이어서 공부가 많이 필요할 수밖에 없었습니다. 그래도 저는 차분히 자료 조사를 시작했습니다.

딸과 같은 해에 태어난 아이가 몇 명인지, 전국 대학 정원은 얼마나 되는지, 수시·정시 비율은 어떻게 변하는지, 숲을 보면서 나무를 하나씩 파악했습니다.

그때, 비슷한 내용을 많이 봐서일까요? 검색 결과로 우연히 하나의 영상이 추천되었습니다.

EBS 다큐멘터리 〈대학입시의 진실〉. 이 다큐멘터리는 제 생각을 송두리째 바꿔놓았습니다.

실력보다 다른 힘이 작용하는 입시 현실, 그리고 최상위권만 돌보는 공교육 시스템의 민낯이 그대로 드러나 있었습니다. 그걸 보면서 회사에서 면접관으로 경험했던 수많은 면접이 떠올랐습니다.

스펙 좋은 지원자들이 줄을 섰지만, 그중 일부만 선택받는 취업의 현실이 머릿속을 스쳤습니다.

'정말 좋은 대학만이 사회로 가는 유일한 길인가? 그리고 그렇게 사는 것이 과연 내 딸을 행복하게 만들까?'라는 의문이 떠올랐습니다.

결정적으로, 회사 안식휴가 때(저희 회사에는 5년마다 1개월 안식휴가를 주는 복지가 있습니다) 뉴질랜드에 사는 친구 조카들을 보았던 기억이 떠올랐습니다.

제 딸과 동갑이었던 그 아이들은 매일 웃으며 학교에 다니고, 체육 시간에는 바다에서 서핑을 즐겼습니다. 학업 스트레스와는 거리가 멀었고, 경험의 깊이도 전혀 다른 세상이었습니다.

결국 딸이 5학년 중반이 되었을 때 가족회의를 열었고, 중·고등학교 시절을 호주에서 보내는 것을 제안했습니다.

부정적인 반응이면 어떻게든 설득하려 했지만, 의외로 딸은 쉽게 받아들였고, 아내도 "힘들어도 딸이 행복한 게 더 중요하다"라며 보호자 역할을 자청했습니다. 그렇게 우리 가족은 6년간의 기러기 생활을 시작했습니다.

다행히 그 선택은 옳았습니다.

딸은 6년의 학업 기간 동안 본인이 좋아하는 것이 무엇인지 고민하고, 한국에서는 상상할 수 없는 경험을 하며 학업을 마쳤습니다. 지금도 호주에서 즐겁게 대학 생활을 이어가고 있습니다.

어쩌면 제가 12개의 자격증을 딸 수 있었던 것은, 먼 타지에서 고생하며 딸을 잘 케어해 준 아내 덕분이고, 20살 성인으로 번듯하게 성장한 딸 덕분이기도 합니다.

이 자리를 빌려 제 가족들에게 말합니다.

수고했고, 사랑합니다.

그리고 언젠가 기회가 된다면 아내의 생생한 경험담과 함께, '어떻게 조기유학을 준비하면 성공할 수 있는지', '호주가 왜 조기 유학하기 좋은지'를 따로 이야기할 날도 오면 좋겠습니다.

이렇게 제게는 6년이라는 혼자만의 시간이 생겼습니다. 마음만 먹으면 무엇이든 해볼 수 있는, 말 그대로 '환경 세팅'이 된 셈입니다.

많은 지인이 부러운 눈빛으로 "전생에 나라를 구했느냐"라고 농담했지만, 저는 이 시간을 허투루 보내고 싶지 않았습니다. 그런 생각을 하게 된 계기도 있었습니다.

2018년 12월 31일, 그 해 마지막 날.

딸의 유학을 준비하며 혹시 모를 기회에 대비해 저의 영어 실력을 점검하고 싶어 무료 토플 모의고사를 신청했습니다. 하필 남은 시간이 그해 마지막 날 오후 5시뿐이었습니다.

매해 마지막 날이면 마음이 싱숭생숭하기 마련입니다. 더구나 2주 후면 가족들이 호주로 떠나는 시점이었습니다.

그냥 넘길까 하다가, 어떤 끌림이 생겨 "그래, 해보자" 하고 강남역 학원으로 향했습니다.

그곳에서 깜짝 놀랐습니다. 200석 가까운 자리가 남녀노소를 가리지 않고 거의 다 찼습니다. 또한, 시험을 보러 온 사람들의 진지한 표정과 열정에 압도되었습니다.

시험 내용보다도, '정말 열심히 사는 사람들이 이렇게 많구나'라는 생각이 머릿속에서 떠나지 않았습니다.

그때를 떠올리며, 혼자 보내게 된 기러기 생활을 의미 있게 보내자는 생각을 했습니다.

아내와 딸이 새로운 환경에서 고생하는 동안, 저 역시 이 시간을 허투루 쓰지 말아야겠다는 다짐이 생겼습니다.

그 다짐이 앞으로 6년간 이어질 제 자격증 도전의 출발점이 되었습니다.

공인중개사 (2019. 12)
- 엉덩이 힘을 키운 첫 경험

공인중개사
부동산 거래의 전문가 자격증

개요
- **내용** 1년에 1번 (매년 10월 마지막 토요일) / 6과목
- **특징** 전과목 객관식 / 응시생 15만 / 합격률 25%
- **난이도** ★★★★★

준비
직장병행 평균 2년

인강+교재 > 200만 원대

추천
전문직 창업 원하는 분

재테크 공부

40대

꿀팁
과목별 득점 전략 수립

실력은 시험 두 달 전부터

1) 자격증 개요

- **시험 횟수** : 1년에 1번 / 통상 10월 마지막 토요일
- **시험 내용**

  1차 : 부동산학개론 / 민법

  2차 : 공인중개사법 / 공법 / 공시법 + 세법
- **문항 수 / 배점** : 과목별 40문항 / 2.5 점
- **커트라인**

  1, 2차 모두 평균 60점 이상 / 시험일 하루에 오전은 1차, 오후는 2차 진행 / 1차만 붙으면 다음 해 2차만 응시 가능
- **응시생** : 24년 응시생 15만 / 최근 하락세 (참조 : 21년 응시생 27만)
- **합격률** : 1차 20% / 2차 25%

2) 난이도 & 준비기간

- **저자 체감 난이도** : ★★★★★
- **소요 시간** (직장 병행 기준)

  일반 : 2년 계획으로 접근해야 함 (첫해 1차, 둘째 해 2차 합격을 목표로)

  저자 : 8개월 투자, 생동차 합격 (평일 3시간, 주말 8시간 꾸준히 공부)
- **응시 연령** : 40대 〉 30대 〉 50대 〉 20대 〉 60대 순

3) 추천 대상

- 제2의 인생을 전문직으로 창업해 보려는 직장인 및 은퇴자
- 재테크를 위해 부동산을 공부해 보고 싶은 직장인, 주부, 대학생

4) 나의 공부 방법

- **교재 & 인강** : 에듀윌 종합반 + 인강
- **비용** : 19년 당시에는 교재 포함 74만 원 / 현재, 229만 원 예상
- **강사 선택** : 인강에서 중요한 부분으로 제 선택은 다음과 같았음

  부동산학개론 (이영방 / 강의 중), 민법 (심정욱 / 강의 중), 중개사법 (임선정 / 강의 중), 공법 (김희상), 공시법 (배상용), 세법 (신성룡)

- **시험 결과**

  1차 61.25점 : 부동산학개론 – 67.5 / 민법 – 55

  2차 70점 : 공인중개사법 – 75 / 공법 – 65 / 공시 및 세법 – 70

5) 경험담

딸의 조기유학 시작으로 저만의 시간이 많아졌습니다.

한능검으로 오랜만에 자격증 세계의 재미도 느꼈고, 어느 해 마지막 날 열심히 사는 사람들의 모습에 자극받은 것도 있었습니다. 그 덕분에 제대로 된 자격증 공부를 해보기로 마음먹었습니다.

문과 8대 자격증(변호사 / 감정평가사 / 변리사 / 법무사 / 노무사 / 공인회계사 / 세무사 / 관세사) 중 하나를 잠깐 생각하기도 했지만, 직장생활을 병행하며 하는 것은 불가능하다고 판단했습니다. 그래서 평소 관심이 많았고, 스테디하게 유망 자격증으로 언급되는 공인중개사를 자연스럽게 선택했습니다.

그 결과, 지금 다시 하라고 하면 쉽지 않을 엄청난 집중력과 끈기로 8개월 만에 1차와 2차를 한 번에 합격하는 성과를 얻었습니다.

경험을 공유하고자 핵심 전략을 설명드립니다.

과목별 득점 전략이 합격의 지름길

공인중개사 자격증은 워낙 대중적입니다.

보통 부동산 업계에서는 나이 든 아저씨, 아주머니들이 자격증을 가지고 영업하고 계셔서, 젊은 사람들은 시험을 다소 만만하게 여길 수 있습니다.

그러나 이 시험은 웬만한 대학생도 전업으로 2년 정도 공부해야 딸 수 있는 난이도를 가지고 있습니다. 특히 직장을 다니며 도전하려면 시간이 많지 않기 때문에 과목별 득점 전략을 구체적으로 세우고, 과감하게 버릴 것은 버리는 용기가 필요합니다.

제 인생을 돌아보면, 가장 몰입해서 공부한 시기는 고3이 아니라, 공인중개사를 공부한 8개월이었습니다.

기러기 생활이라는 환경적 여건도 큰 힘이 되었지만, 꼭 성공 결과를 얻고 싶었고, 직장 병행하며 주어진 자투리 시간을 최대한 활용하는 방법밖에 없었습니다. 정말 밥 먹는 시간도 아깝다 느낄 정도로 몰입했습니다. 그렇게 해도, 직장생활과 병행하며 하기에는 공부량이 만만치 않았습니다.

따라서 반드시 과목별 공략법이 중요했습니다. 공대 출신인 저에게 법 과목은 낯선 용어가 많아 어렵게 다가왔습니다.

경제, 사회학 분야의 부동산학개론과 내용이 실무적이어서 재미있던 공인중개사법 2개를 전략 과목으로 선택해 공부 비중을 많이 두었습니다. 판례 중심의 민법과 복잡한 셈 구조를 가진 세법은 힘을 빼고, 구조화가 잘 된 공시법과 공법에 투자를 많이 했습니다.

덕분에 1차에서 61.25점을 받아 제 전략대로 커트라인을 약간 상회하는 결과를 얻었고, 1차에 투자할 시간을 2차에 집중해 생각보다 높은 2차 점수를 얻을 수 있었습니다.

응시생마다 적합한 과목은 다를 수 있으므로, 시험 준비 약

30% 진행 후 전략 과목을 잘 선택하는 것이 중요합니다.

실력은 시험 2달 전부터! 여름을 잘 견뎌야 합니다

저는 상대적으로 짧은 8개월을 투자했지만, 직장을 다니며 오랜만에 공부를 시작하는 것은 쉽지 않았습니다.

특히 공부 5개월 차인 7월부터는 체력과 집중력이 떨어지기 쉬운 시기였습니다. 날은 덥고 주변에서는 휴가를 많이 가는 시기였으며, 모의고사 점수는 만족스럽지 않아 힘 빠지기 딱 좋았습니다.

하지만 마음 다 잡으며 7~8월을 보냈더니, 9~10월 마지막 피치에서 실력이 급상승했습니다.

실제로 9월부터 학원에서 이론은 모두 마치고 문제풀이 집중 코스에 들어가는데, 이전에 이론을 탄탄히 해둔 덕분에 실력 향상이 눈에 보였고, 그 재미가 완주까지 좋은 결과로 이어졌습니다.

엉덩이 힘을 길러, 맹목적으로 버티는 것이 중요합니다.

에듀윌 강의, 교수님 지침만 따라도 충분

예전에 서경석 님이 광고 모델을 하다가 공인중개사에 도전해 합격한 강의가 바로 에듀윌 강의였습니다.

제가 공인중개사 이후 다른 학원 강의도 경험했지만, 공인중개사만큼은 에듀윌 노하우를 무시할 수 없었습니다.

통상 자격증 강의를 하는 교수님들 중 책을 줄줄 읽기 바쁜 분들이 많습니다.

근무를 마치고 피곤한 몸으로 인강을 듣다 보면, '내가 왜 듣고 있지?'라는 생각이 들 수 있습니다.

하지만 에듀윌 공인중개사 강의 교수님들은 책 내용을 학생 머릿속에 넣는 방법을 고민하는 모습이 눈에 보였습니다.

예를 들어 제가 작성한 공인중개사법 필기를 보면, 중개사법 강의 내 벌칙조항 약 100개를 외우게 하기 위해 교수님이 가르쳐 준 연상암기 방법이 적용되어 있습니다.

리듬을 타면서 그림을 그리는데, 희한하게 딱딱한 벌칙 항목들이 머릿속에 쏙쏙 들어왔습니다.

이 덕분에 시험에서도 지문 볼 때 그림을 생각하며 매우 수월하게 문제들을 풀 수 있었습니다.

꼭 교수님이 이상한 걸 시켜도 의심하지 마시고, 하라는 대로만 잘 따라 하시길 바랍니다.

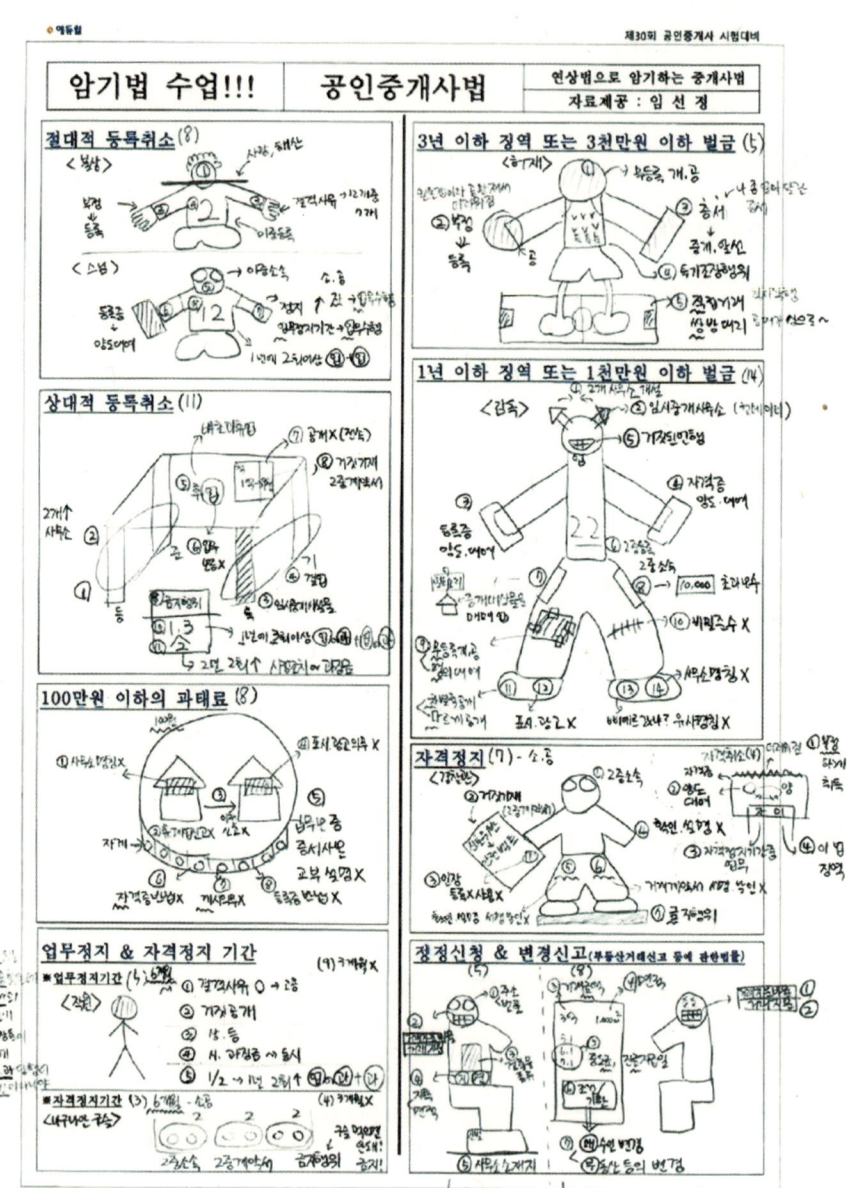

필자가 작성한 벌칙항목 암기법 수업 필기

시험 당일 컨디션 관리가 중요!

마지막으로 강조하고 싶은 것은 시험 당일 컨디션 관리의 중요성입니다.

40세에 아래 스케줄로 시험에 집중하는 것은 쉽지 않습니다.

> **1차 시험**
> 9:30 ~ 11시 10분, 100분 / 80문제 풀기
>
> **2차 시험**
> 13:00 ~ 14:40분, 100분 / 80문제 풀기
> 15:30 ~ 16:20분, 100분 / 80문제 풀기

8:30분 입실해서 꼬박 8시간을 집중해서 있어야 하기 때문에 이에 대한 대비를 철저히 해야 합니다.

여기서 필요한 건 바로 '엉덩이 힘'입니다.

장시간의 시험 동안 집중의 힘을 위해서는 무엇보다 엉덩이 힘이 중요하기 때문에, 공부 과정 중에 그 근육과 마인드셋을 꼭 키워 두셔야 합니다.

그리고, 2시간 남짓의 점심시간을 잘 활용해야 합니다.

저는 식곤증을 방지할 간단한 식사를 사전에 준비해 갔고, 미리 고사장 사전 탐방 때 확인해 두었던 조용한 카페에서 차분히 오후 시험을 준비했습니다.

시험 준비 중에는 틈틈이 실제 시험 시간에 맞춰 컨디션을 조절하는 연습을 하는 것도 좋은 방법입니다.

합격자 파티 참석과 딸의 축하

요즘은 어떤지 모르겠지만, 시험 합격 후에 학원에서 마련해 준 합격 파티를 다녀온 것도 잊을 수 없는 추억입니다.

코엑스 합격자 모임 장소

그때만 해도 에듀윌이 가장 인기가 많았던 시절이라 코엑스의 가장 큰 전시장을 빌려 맛있는 스테이크와 축하공연을 즐길 수 있었고, 사회는 서경석 님이, 축하 공연은 홍진영 님이 맡았습니다. 함께 고생한 교수님과 동기들과 추억을 나눌 수 있는 다양한 프로그램도 즐겁게 경험했습니다.

아마 이때부터 제 몸속에 마치 성취감이라는 마약 같은 에너지가 흐르기 시작한 것 같습니다.

합격자 명단에서 한 컷

행사 사회 보는 서경석 님

축하공연 홍진영 님

딸이 유학 간 지 1년이 지나고 받아 든 것이 공인중개사 합격증이었습니다.

요즘은 스마트폰 등 디지털 디바이스 덕분에 물리적으로 떨어져 있어도 마치 옆에 있는 것처럼 소통하기 좋은 시대입니다.

제가 공인중개사 준비를 한다는 이야기를 가족들에게 당연히 했지만, 제가 얼마나 몰입했는지는 직접 보지 않아 알지 못했을 겁니다.

합격 소식을 알렸을 때, 아내가 지인에게 들은 얘기를 전하며 정말 대단하다며 축하를 많이 해주었습니다.

제가 준비할 당시 이 시험은 거의 국민고시 수준이라는 말이 있을 정도로 최정점에 있었고, 아내 주변에서도 약 6~7명이 도전했지만, 실제로 합격한 사람은 3년 만에 합격한 단 1명뿐이었습니다.

그 이야기에 나름 으쓱했지만, 제 성과에 대해 딸이 톡으로 보내준 한마디가 더 기억에 남습니다.

"아빠 축하해! 개멋져! 나도 호주에서 잘할 거야!"

사실 시작할 때는 이런 말을 들으려고 한 것은 아니었지만, 공부하는 아빠의 모습이 딸에게 동기부여와 자극을 준 의외의 결과가 나타났습니다.

비록 가족과는 떨어져 있었지만, 저의 1년 차 기러기 생활은 매우 만족스러웠습니다.

야무진 실행 팁

공부하는 내내 공인중개사 시험의 실용적이고 실무적인 내용에 차라리 이런 내용을 고등학교 교과목으로 배우면 좋겠다는 생각까지 했습니다.
합격증 외에 남는 지식도 많을 테니, 부동산에 관심 있는 분들은 공인중개사 자격증에 꼭 도전해 보시기 바랍니다.

자격증번호:11-2019-04065

공인중개사자격증

성   명 : 배 상 권
생 년 월 일 : 1977.02.10

위의 사람은 「공인중개사법」 제 4조에 따라 2019년도에 시행한 제 30 회 공인중개사 자격시험에 합격하여 공인중개사 자격을 취득하였음을 증명합니다.

2019년 12월 9일

서 울 특 별 시

주택관리사 (2020. 12)
- 부동산 전문가로 들어서다

주택관리사
아파트 및 건물 관리소장 필수 자격

개요
- 내용 1년에 1번 (1차 6월, 2차 9월) / 5과목
- 특징 상대평가 / 주관식 있음
- 난이도 ★★★★★

준비
직장병행 평균 2년

인강+교재 > 100만 중반

추천
정년 없는 직장 구직자

여성 도전 많음

50대

꿀팁
공인중개사 따고 도전

학원 설명회 참석 추천

1) 자격증 개요

- **시험 횟수** : 1년에 1번 / 1차 6월, 2차 9월
- **시험 내용**

    1차 : 회계원리 / 민법 / 시설개론

    2차 : 주택관계법령 / 주택관리실무

- **문항 수 / 배점**

    1차 : 과목별 40문항 / 2.5 점

    2차 : 과목별 40문항 / 객관식 24 + 주관식 16 / 2.5점

- **커트라인**

    1차 평균 60점 이상 절대평가 / 2차 평균 60점 이상 상대평가

    2차 평균 넘어도 그해 합격자 TO 약 1,600명 안에 들어야 하는 상대평가

- **응시생** : 1차 1.5만 / 2차 3천여 명 (24년 공인중개사 15만)
- **합격률** : 1차 15% / 2차 50%
- **자격 관련 사항**

    자격증 따면 주택관리사보로 500세대 미만 아파트 관리소장 가능

    3년의 경력이 쌓이면 주택관리사로 승격 및 세대 제한 없이 가능

2) 난이도 & 준비기간

- **저자 체감 난이도** : ★★★★★
- **준비 시간** (직장 병행 기준) : 저자 8개월 / 통상 2년 (첫해 1차, 둘째 해 2차)
- **응시 연령**

  50대 > 40대 > 60대 > 30대 > 20대 순 (공인중개사 1등은 40대)

3) 추천 대상

- 관리 잘되는 자격증을 찾는 분 : 매년 뽑는 인원이 정해져 있음 (약 1,600명)
- 비전공자도 가능한 정년 없는 안정적인 직업을 찾는 분
- 공인중개사 합격 후 연계 자격증을 찾는 분

4) 나의 공부 방법

- **방법** : 에듀윌 종합반 + 인강
- **비용** : 157만 원 (교재 포함, 2025년 기준)
- **강사** : 회계원리 (윤재옥 / 강의 중), 공동주택시설개론 (이강일 / 강의 중),

민법 (신의영 / 강의 중), 주택관리관계법규 (윤동섭 / 강의 중), 공동주택관리실무 (김영곤 / 강의 중)

- **특징** : 1차 회계원리를 공략하고 2차 주관식을 뛰어넘어야 함
- **시험 결과**

    1차 60.83점 : 회계원리 57.5 / 공동주택시설개론 65 / 민법 60

    2차 66.25점: 주택관리관계법규 67 / 공동주택관리실무 65.5

5) 경험담

오프라인 설명회 참석을 귀찮아하지 말 것!

공인중개사 때부터 시작한 루틴이 있습니다. 바로 자격증 설명회 참석입니다.

요즘은 온라인 설명회도 많지만, 학원에서 진행한다면 오프라인 설명회 참석을 추천합니다. 이유는 단 하나, 동기부여 때문입니다.

직장생활을 하며 자격증 공부를 하는 것은 쉽지 않아 포기하기 쉬운데, 설명회에 참석했다는 기억 덕분에 힘든 시간을 견뎌낸 경우가 많았습니다.

또한 대면으로 학원 관계자들과 이야기를 나누다 보면, 온라인 댓글이나 문의에서는 얻기 어려운 살아있는 정보를 얻을

수도 있습니다.

도전에 대한 마음을 다잡고 살아있는 정보를 얻기 위해서라도 오프라인 설명회가 있다면 꼭 참석하세요.

자격증의 가치는 합격자 수 관리에서 보인다

자격증을 취득할 때 성취감은 자격증마다 차이가 없다고 생각합니다. 단, 취득 후 가치는 관련 협회나 기관에서 자격증 취득자를 얼마나 체계적으로 관리하는지에 크게 좌우됩니다.

왜 의사가 인기가 있을까요? 제가 볼 때는 정원 관리가 확실하기 때문입니다. 그래서 증원을 논할 때 온 나라가 떠들썩할 정도의 논쟁이 있었던 것이죠.

주택관리사는 상대평가로 합격자를 선발하며, 8대 전문직 자격증 수준의 정원 관리를 보여주는 자격증이기에 미래 가치가 높다고 생각합니다.

가치 면에서 보면 분명 공인중개사보다 높을 가능성이 있으니, 준비하는 분들은 과정이 힘들어도 끝까지 이겨내시길 바랍니다.

코로나가 만들어 준 자격증

2019년 12월, 공인중개사 합격자 모임에 다녀온 후 높아진 자신감의 기세를 이어가기 위해 주택관리사 도전을 선택했습니다.

이제 기러기 생활 2년 차에 접어들면서, 지난 1년간 혼자 있는 시간을 알차게 보낸 기억이 자연스럽게 다른 자격증 도전으로 저를 이끌었습니다.

어떤 자격증에 도전할지 고민할 필요 없이 저는 주택관리사를 선택했습니다.

이유는 공인중개사 강의에서 교수님들이 추천했던 점과 함께, 공인중개사와 유사한 부동산 관련 자격증이고 시험 과목의 약 40%가 겹치기 때문에 준비가 수월할 것이라 예상했기 때문입니다.

그리고 이 시험에 몰입할 수 있었던 또 다른 환경 변화가 2020년에 발생했습니다.

바로 코로나였습니다.

그때 상황이 떠오르시나요?

작은 뉴스에서 시작한 질병이 순식간에 확산되었고, 발병 초기라 백신도 없는 상태에서 사회 시스템이 한순간에 흔들릴 수 있음을 경험했습니다.

코로나 때문에 한 번도 경험하지 못한 재택근무가 시행되었고, 2020년 중후반에는 확산세를 억제하기 위해 저녁 6시 이후 외부 식당 이용이 제한되는 조치까지 시행되었습니다.

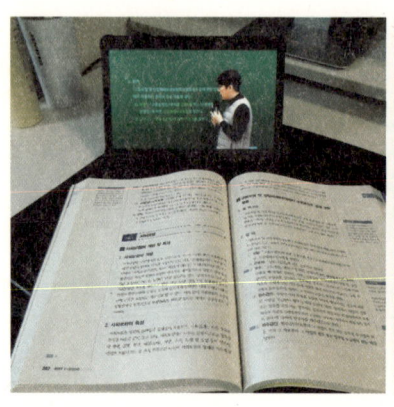 

업무 마치고 사무실에서 공부　　　　재택 근무하며 공부하던 당시 모습

　저는 가뜩이나 기러기 생활 중인데, 사회적으로 고립된 섬 같은 집에서 혼자 있을 수밖에 없는 상황이 되었습니다.
　그나마 호주에 있는 가족들은 발빠르게 국경을 폐쇄한 호주 정부의 대처 덕분에, 다행히 학교도 잘 다니고 한국보다 조금 더 유연하게 생활하는 점이 위안이 되었습니다.
　가족들은 일단 괜찮으니, 혼란스러운 상황에 휘말리지 말자며 마음을 다잡고, 회사 근무 이후 시간을 오롯이 주택관리사 자격증 준비에 쏟기로 결심했습니다.
　오히려 이 고립된 환경이 몰입할 수 있는 환경으로 전환되는 긍정적인 효과를 가져왔습니다.

　그 덕분인지 좋은 결과를 얻었고, 1년 동안 얼굴을 보지 못한 가족들과도 영상통화로 합격의 기쁨을 나눌 수 있었습니다.

아무리 한국보다 상황이 낫다 해도, 타지에서 고생하는 가족들에게 코로나 팬데믹은 많은 어려움을 줬을 것입니다.

저의 합격 덕분에 딸이 "어? 그러면 아빠 이제 우리 아파트 관리소장 될 수 있는 거야?"라고 농담을 건네며 서로 기뻐할 수 있었고, 제 합격을 주제로 어려운 코로나 시절을 함께 견딜 수 있었습니다.

돌이켜보니, 정말 코로나 덕분에 얻게 된 자격증 같습니다.

시험장 모습 - 학원에서 응원 나옴

시험장 모습 - 교수님도 응원 나옴

야무진 실행 팁

과목이 겹쳐서 공인중개사 이후 도전하면 훨씬 수월!
안정된 정년 없는 제2의 인생을 꿈꾼다면, 꼭 주택관리사 도전을 라인업에 둘 것!
공인중개사처럼 주택관리사도 내가 사는 아파트에 대한 실용적인 내용을 공부할 수 있습니다. 자격증 취득 외에도 일반인보다 높은 전문성을 가지는 데 분명 도움이 될 것입니다.

세무사
- 실패에서 배운 것

제가 존경하는 아버지는 세무사이십니다.

48년생인 아버님은 지금도 본인 사무실을 가지고 활발히 활동하고 계십니다.

사무실은 아버지에게 일하는 공간이기도 하지만, 어쩌면 아버지에게는 본인이 살아가는 이유를 만들어 준 공간일 겁니다.

눈 뜨면 갈 곳이 있고, 할 일이 있으며, 누군가 내 도움을 필요로 하고, 그에 맞게 소정의 보수를 받는 일만큼 행복한 것은 드물다고 생각합니다.

주택관리사 공부를 할 때부터 시작된 코로나로 세상은 점점 험해지고 있었고, 비행기가 뜨지 못해 호주에 있는 가족을 보러 갈 수도 없는 환경이 계속되었습니다.

그나마 백신이 슬슬 나오면서 희망이 샘솟던 시기였기에, 곧 상황이 나아질 것이라는 마음으로 2연속 부동산 자격증 합격의 기세를 이어가기로 결심했습니다.

그리고 승부수를 던지자 생각하며 선택한 자격증이 세무사였습니다.

세무사는 제 기준에서 직장을 병행하며 도전하기 어려운 8대 전문직 자격증에 속하지만, 코로나로 형성된 재택 환경과 2연속 자격증 취득으로 얻은 자신감이 저를 세무사 도전으로 이끌었습니다.

무엇보다 언젠가 퇴임하실 아버지의 사무실을 제가 이어받으면 얻게 될 고객 DB 등 큰 자산은 노년에 제 인생을 바꿀 기회이기도 했고, 아버지가 본인만의 공간에서 70대 중반까지 사회생활을 하는 모습을 봐온 것이 큰 동기부여가 되었습니다.

만만치 않은 시험이기도 했고, 마침 회사에서도 중요한 업무를 맡게 되어 투자할 자투리 시간이 상대적으로 적었기에 2년 계획으로 준비했습니다.

세무사가 되기 위해서는 기본 자격으로 영어 시험 성적이 필요합니다. 이유는 잘 모르겠지만, 영어시험 성적이 없으면 1차 시험 접수조차 할 수 없습니다.

영어시험 시험장 앞

　9월에 주택관리사 시험을 마친 상태였기에, 바로 1달 정도 영어 준비를 해서 G-TELP 시험으로 자격 준비를 완료했습니다. 출발이 순조로웠습니다.

　세무사 1차는 5지선다 객관식 시험이며, 과목별 40문제, 배점 2.5점 문제를 평균 60점 이상 맞으면 합격입니다.
　2차는 완전 서술형 시험으로 내년 얘기이기에 지금은 고려하지 않기로 했습니다.
　2개의 큰 시험을 거치면서 얻은 노하우는 노베이스 상태에서 기출문제를 풀며 시험 구조를 먼저 파악하는 것입니다.

- **재정학** : 난이도 중 / 고등학교 사회경제 시간에 배운 내용이지만, 전공자가 아니기 때문에 공부가 필요했습니다. 그러나 포기할 과목은 아니었습니다.

- **세법학개론** : 난이도 극상 / 문제 지문이 매우 깁니다. 해석도 쉽지 않아 어렵습니다.

- **회계학개론** : 난이도 극상 / A4 1~1.5페이지 길이 문제를 모두 계산해서 풀어야 합니다. 매우 어렵습니다.

- **민법** : 난이도 하 / 2번의 민법 시험 경험으로 60점을 넘겼습니다. 조금 투자하면 효자 과목입니다.

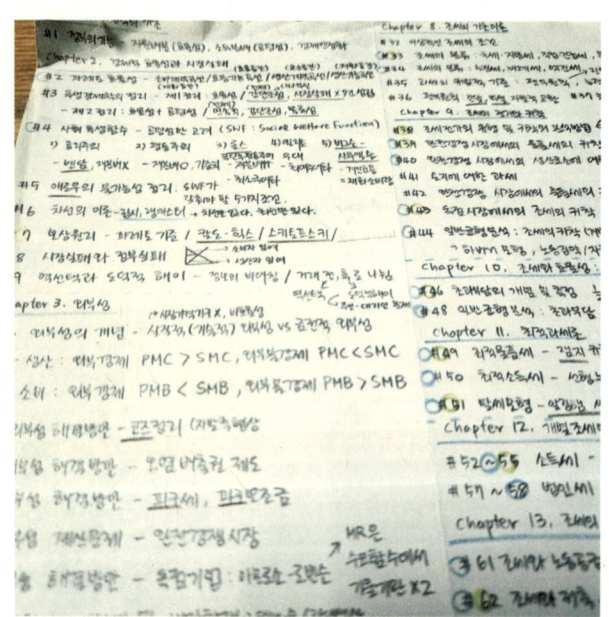

목차를 외우려고 필기했던 노트

인강 수강하던 모습

    기출문제를 스캔한 후, 60점 합격 전략을 재정학 60점 / 세법·회계 50점 / 민법 80점으로 설정했습니다.

    아무리 민법 경험이 있다고 해도 80점을 맞는 것은 쉬운 도전이 아니었고, 50점이라고 하면 반타작이라 볼 수 있지만, 공대 출신에 노베이스, 세무 경험은 연말정산밖에 없는 제게는 세법과 회계에서 반타작도 쉽지 않은 도전이었습니다.

    경험해 보니, 누구나 도전 가능한 전문자격증인 공인중개사/주택관리사와 문과 8대 전문자격증 중 하나인 세무사 시험의 차이는 이랬습니다.

    책에 폰트 크기는 공인중개사/주택관리사의 절반이었습니다. 그만큼 글밥이 많다는 뜻이겠죠.

    내용 난이도는 100배 어려웠던 것 같습니다. 민법을 제외하면 재정학은 공부량만 충분히 확보하면 전략과목으로 삼을 수 있는 과목이었지만, 특히 회계는 지금 생각해도 토가 나올 정도였습니다.

더 두려운 점은 2차 시험이 1차보다 100배 어렵다는 사실이었습니다.

제 결과는 다음과 같습니다.

불합격 / 평균 47.5점
재정학 55점 / 세법학개론 25점 / 회계학개론 30점 / 민법 80점

시험은 정말 정직했습니다.

아무리 코로나 시절이라 재택으로 시간 관리가 용이했다고 해도, 마침 회사에서 중요한 프로젝트를 맡아 본업에 더 집중할 수밖에 없는 상황이었기에 결과도 당연히 그에 맞게 나올 수 밖에 없었습니다.

무엇보다 시험 난이도가 너무 높아서, 시험을 보는 동안 세법과 회계 문제는 '이걸 정말 풀라고 낸 문제인가?'라는 생각이 들 정도였고, 문제의 50%만 풀고 나머지는 시험 종료 10분 전 급히 찍었기에 당연한 결과였습니다.

다만, 제 점수를 보면, 제가 설정한 목표에서는 민법은 성공했고, 재정학은 단 2문제가 부족한 것이 마음에 위안을 주었습니다.

그리고 위안의 마음과 함께, 세법과 회계 점수가 터무니없이 낮았기에 1년의 시간을 더 투자하면 1차 합격의 기회가 있을 것 같다는 고민이 시작되었습니다.

어차피 기러기 생활로 혼자 있는 상황이었기에, 한 번 더 도전해 보자는 마음이 자연스럽게 생긴 것이었죠.

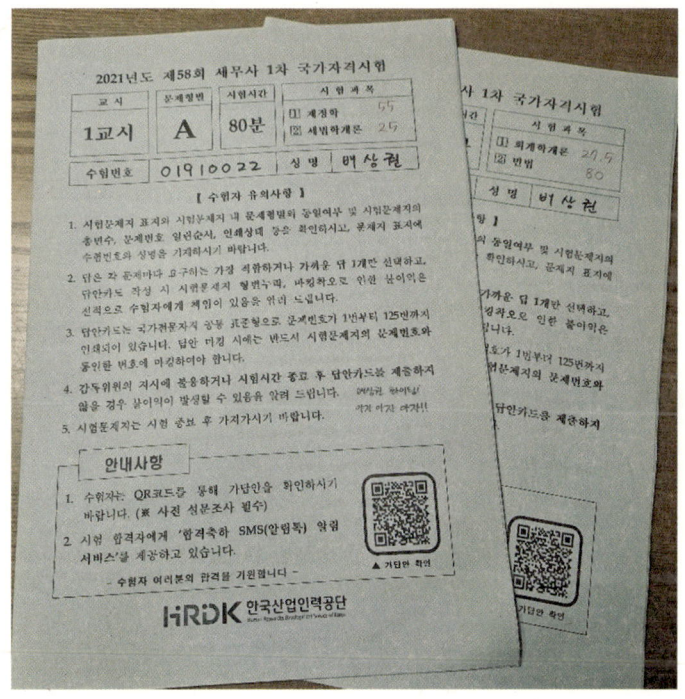

세무사 실제 A4 크기 시험지

그러던 어느 날, 가족 식사 자리가 있었고, 그 자리에서 이번 시험 결과를 공유하며 재수 의지를 살짝 내비쳤는데, 언제나 제 인생의 길잡이가 되어주신 아버지가 조용히 한마디 하셨습니다.

"네 마음은 알지만, 그만했으면 좋겠어. 네가 잘하는 분야에서 더 잘하는 게 낫다."

분명히 아버지도 내심 제가 본인 자리를 이어가길 바라셨을 텐데, 담담하게 제게 조언을 주신 것이었습니다.

알고 보니, 아버지는 제가 겪어보지 않은 세무사 세계의 현실과 생리를 잘 알고 계셔서, 1문제로 몇 년을 허비하는 후배들과 같은 삶을 제가 걷지 않길 바라신 것이었습니다.

그리고 "본업에 충실했을 때, 너의 자격증들이 더 빛날 것이다"라며, 현재 중요한 것은 제가 몸담고 있는 직장에서 확고히 자리 잡는 것이라는 말씀까지 해 주셨습니다.

아들이 소위 말하는 고시 낭인으로 빠지지 않길 바라는 사랑의 조언이었습니다.

아버지의 진심 어린 충고를 듣고, 저는 조용히 세무사라는 허상 같은 목표를 포기했습니다.

돌이켜보면 정말 잘한 결정이었다고 생각하며, 아버지의 말씀은 포기를 잘하는 것도 중요한 삶의 지혜임을 깨닫게 해준 소중한 자산이 되었습니다.

2021~2022
: 연계 및 영역 확장

소방안전관리자 (2021. 09)
- 연계 자격으로 확장

소방안전관리자

건물과 사람의 안전을 지키는
화재 예방 책임자

개요

내용 매월 시행 / 교육 수료 후 필기시험
특징 80시간 사전교육 / 매년 3만 명 응시
난이도 ★★☆☆☆

준비

교육 포함 2주 소요

시험은 교재 중심 학습

추천

예비 건물주

부동산 관련
연계 자격
찾는 분

꿀팁

시험보다 내실 있는
교육에 집중할 것

소방 다음 전기 추천

1) 자격증 개요

- **시험 횟수** : 매월 시행
- **시험 내용** : 교육 80시간 + 필기시험 (23년부터 80시간으로 확대 / 저는 40시간 교육받음)
- **문항 수 / 배점** : 50문항 / 배점 2점
- **커트라인** : 70점 이상
- **응시생** : 매년 3만 명 수준
- **합격률** : 38%

2) 난이도 & 준비기간

- **저자 체감 난이도** : ★★☆☆☆
- **평균 소요 시간** (직장 병행 기준) : 교육 포함 2주
- **결과** : 90점

3) 추천 대상

- 주택관리사 취득 후 연계 필수 자격증

- 법적 강제성이 있는 가치 있는 자격증을 찾는 분
- 현재 건물주 또는 예비 건물주를 꿈꾸는 분

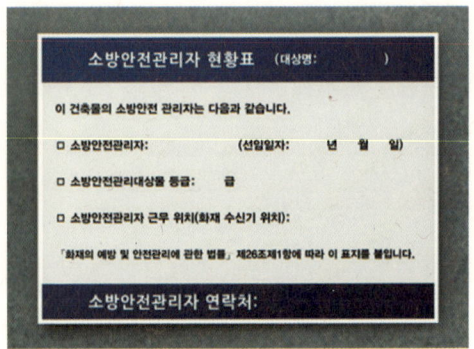

모든 건물 1층에 안전관리자 표시가 의무

4) 경험담

소방안전관리자를 선택한 배경

세무사 시험에서의 실패는 제게 커다란 좌절이었습니다.

비록 몇 개월이었지만 손에 남은 건 없었고, 한동안은 모든 게 허무하게 느껴졌습니다.

하지만 시간이 지나며 마음을 다잡았습니다. "내 본업과 전혀 상관없는 먼 길을 돌아가기보다는, 현실 속에서 나를 단단하게 만드는 공부를 하자"라는 생각이 제 마음에 자리 잡으면서 저는 새로운 목표를 찾게 되었습니다.

공인중개사, 주택관리사 자격증을 이미 보유하면서 건물 관리에 대한 외형적인 전문성은 갖췄다고 할 수 있었습니다. 하지만 속으로는 늘 불안했습니다.

'현장에서 부딪치면 나는 정말 뭔가를 할 수 있을까?'라는 의문이 들었습니다. 실제 업무에서 가장 중요한 건 역시 실무 능력.

특히 과거 수업 시간에 교수님들께서 조언해 주시길, "건물 관리에서 전기기사, 소방안전관리자는 선택이 아니라 필수다"라고 했던 말씀이 다시 다가왔고, 저는 자연스럽게 소방안전관리자 자격증을 목표로 정했습니다.

교육과정과 시험 준비를 돌아보며

이 자격증은 다른 시험과 달리 사전교육이 가장 중요한 과정입니다. 당시 기준으로 40시간, 영업일 기준으로는 딱 1주일을 비워야 했습니다. 직장인에게 1주일의 공백은 결코 가볍지 않았습니다.

기러기 생활을 하다 보니, 본의 아니게 휴가를 쓸 일이 많지 않아서, 이때는 휴가를 소방안전관리자 교육에 투자하였고, 한 해 무언가를 남기는 의미 있는 일을 하는 것이었기에 전혀 아깝지 않았습니다.

교육은 교재 중심으로 이루어졌고, 시험도 대부분 교재에서

출제되었습니다. 공인중개사, 주택관리사를 공부했던 경험 덕분에 큰 어려움은 없었습니다. 법령, 안전관리 절차, 소방설비의 종류와 특징 같은 내용들은 처음에는 낯설었지만, 곧 체계가 잡히니 이해하기 수월했습니다.

수월했던 기분이 적중했는지, 상당한 고득점인 90점으로 당당히 합격할 수 있었습니다.

합격 소식을 들었을 때의 감정은 의외였습니다.
'와, 드디어 붙었다!' 하는 환희보다, "이제 최소한 기본은 갖췄다"라는 안도감이 더 컸습니다. 이전의 세무사 도전처럼 거대한 산을 오르다 추락한 기분이 아니라, 현실 속 작은 계단을 차근차근 밟은 느낌이었죠.

코로나 시대여서 아쉬웠던 자격증

아쉬움도 있었습니다.
교육을 받던 시기가 코로나 시절이라 모든 과정이 100% 온라인으로 진행되었습니다.
심폐소생술, 소화기 사용, 소방호스 연결 같은 실습은 모두 영상으로만 대체되었습니다. 강사의 시연을 화면으로 보는 것으로 충분하지 않다는 건 누구나 예상할 수 있을 겁니다.

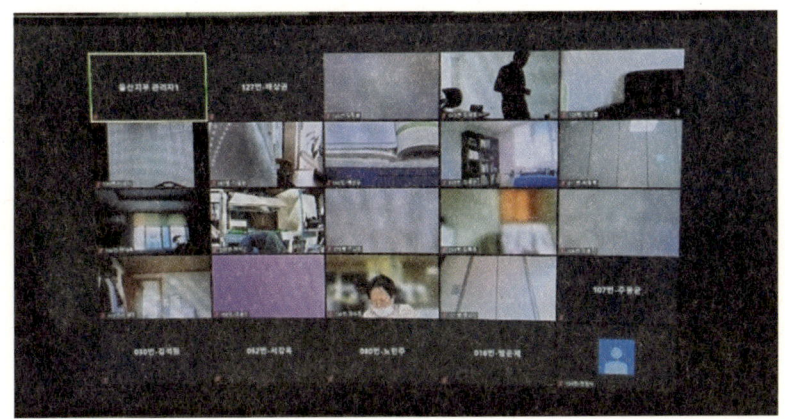
온라인으로 수강한 교육

합격증을 받아 들었을 때도 마음 한쪽은 허전했습니다. '지식은 얻었지만, 몸으로는 배우지 못했다' 실제 소화기를 잡아 분사해 보거나, 인형을 두드리며 심폐소생술을 연습하는 경험이 없다는 건 결국 제 자신감의 빈틈으로 남았습니다. 그래서 언젠가 현장에서 그런 기회가 주어진다면, 그때는 절대 놓치지 말아야겠다고 다짐했습니다.

취득 후에 남은 것과 새롭게 알게 된 것

돌이켜보면 소방안전관리자 자격증 취득 과정은 제게 단순한 합격 이상의 의미가 있었습니다. 실패 이후 다시 일어서는 힘, 그리고 '현실에서 꼭 필요한 공부를 한다'라는 실질적인 성취감이었습니다.

무엇보다 이 과정에서 저는 2가지를 얻었습니다.

하나는, 실무 능력은 또 다른 세계라는 점입니다.

지식은 책에서 배울 수 있지만, 진짜 실무 능력은 몸으로 경험해야 한다는 것이었습니다.

비록 온라인이었지만, 실무형 지식을 접하며 실제 역할을 수행하려면 또 다른 배움과 노력이 필요하다는 것을 절실히 깨달았습니다.

이 깨달음 덕분에, 이후 제 자격증 포트폴리오는 현장형/실무형으로 변화했습니다.

다른 하나는, 이 자격증을 건물주들이 많이 취득한다는 사실이었습니다.

법적 의무 사항으로 소방안전관리자를 채용해야 하다 보니, 작은 건물을 가진 건물주들은 비싼 인건비를 절감하기 위해 직접 자격증을 취득해 그 역할을 병행한다는 사실을 뒤늦게 알게 되었습니다.

그 사실을 알게 되니, 많은 사람이 꿈꾸는 건물주라는 목표까지 생기며 흐뭇해졌습니다.

우연히 시작한 자격증이었지만, 인생의 더 큰 목표를 세우는 데도 큰 동기부여가 되었습니다.

야무진 실행 팁

건물주도 도전하는 자격증!
건물 관리 실무에서는 소방, 전기, 안전이 들어간 자격증이 우대됨.
실무형 최적화된 자격증을 찾는다면 꼭 도전할 것!

소방안전관리자 업무

1. 소방계획서의 작성 및 시행
2. 자위소방대 및 초기대응 체계의 구성·운영·교육
3. 피난시설, 방화구획 및 방화시설의 유지·관리
4. 소방훈련 및 교육
5. 소방시설 그 밖의 소방관련 시설의 유지·관리
6. 화기(火氣) 취급의 감독
7. 그 밖에 소방안전관리에 필요한 업무

※ 본 자격은 「화재예방, 소방시설 설치·유지 및 안전관리에 관한 법률」 제41조에 따른 자격입니다.

자격증의 진위 확인 및 교육이수사항은 www.kfsi.or.kr에서 확인할 수 있습니다.

소방안전관리자

자격번호: 2021-08-21-2-000828
자격등급: 1급
성   명: 배상권
생년월일: 1977.02.10
주   소:

취 득 일: 2021.09.25
발 급 일: 2021.09.25

23100936900
취득구분: 시험합격(강습수료)

한국소방안전원

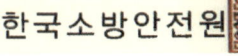

지게차운전기능사 (2021. 10)
- 현장형 자격 도전

지게차운전기능사

취업률 1위 현장형 자격증

개요

- **내용** 필기 + 실기 / 실기는 4분 이내 코스주행
- **특징** 11만 명 응시 / 합격률 필기 70%, 실기 50%
- **난이도** ★★★☆☆

준비

필기 3일이면 충분

실기 최소 6시간 연습

꿀팁

실기에서 멘탈 잡기가 합격의 관건

운전 잘한다 자만 말고 연습은 충분히

추천

예비 취업자

현장형 자격 원하는 분

남자라면!

1) 자격증 개요

- **시험 횟수** : 필기 및 실기 수시로 가능 (필기 2주 단위 / 실기 한 달 단위)
- **시험 내용**

   필기 : CBT (Computer Based Test) 시험 / 4지선다 / 60점 이상 합격

   실기 : 코스주행 / 정해진 코스를 4분 내 주행해야 함
- **응시생** : 11만 명 (24년)
- **합격률** : 필기 70% / 실기 50%

2) 난이도 & 준비기간

- **저자 체감 난이도** : ★★★☆☆
- **준비기간** : 필기 3일 / 실기 6~8시간 주행 연습 필요
- **응시 연령 /조건** : 남녀노소 다양함 / 운전면허 1종 보통 소지자만 실기 응시 가능

3) 추천 대상

- 취업 잘되는 자격증을 찾는 분 – 취업 1등 자격증

- 필기보다 실기형 자격증을 원하는 분
- 중장비 운전에 대한 로망을 가지신 분

4) 나의 공부 방법

- **필기** : 한국산업인력공단 개별 신청 후 진행
- **실기** : 남양주 북부신진운전학원 / 하루 6시간 연습 진행 / **학원비 56만 원**
- **결과** : 필기, 실기 한 번에 합격

5) 경험담

영역 확장의 첫 번째 자격증

기러기 생활의 3년 차가 3번의 성공과 1번의 실패로 지나가고 있었습니다.

남은 시간도 아버님의 조언에 따라 본업에는 충실하되 제 인생의 족적에 무언가를 남기는 과업을 실행하고 싶었고, 시간 투자와 무게감은 이전보다는 가벼운 자격증을 원했습니다.

이때, 한 번도 진지하게 생각해 보지 않았던 실기 중심, 현

장형 자격증이 눈에 들어왔습니다. 바로, 중장비 계열인 지게차였습니다. 간접적으로나마 소방안전관리자의 실무형 지식을 습득하면서 자연스레 생각이 뻗쳤던 것 같습니다.

또한, 요즘처럼 취업이 어려운 시기에 많은 분이 취업에 도움 되는 자격증을 원하는데, 그때마다 1등으로 거론되는 것이 바로 지게차 자격증이어서 호기심이 생겼습니다.

저는 취업보다는 몰입과 성취감이 목적이었고, 이제 오랜 기간 공부하는 자격증보다는 여가 즐기듯이 시간 활용하는 자격증이 필요했는데, 지게차가 제 니즈에 딱 맞는 스펙의 자격증이었습니다.

그리고 중장비라는 것이 어릴 때부터 남자들에게는 몰아보는 것이 로망 같은 본능이 있었기에 흥미 측면에서 매우 솔깃했죠.

이때부터, 저의 자격증 포트폴리오가 부동산 계열에서 좀 더 재미와 영역 확장 쪽으로 본격적으로 변경되게 됩니다.

무엇보다 잊을 수 없는 것은 현장형 시험에서만 느껴지는 특별한 성취감이었습니다. 지게차는 4분의 실기 주행을 마치고 감독관이 아무 얘기 없이 집에 가라고 하면 거의 합격이라고 보면 됩니다.

실기 주행 마치고 "수고하셨습니다. 집에 가셔도 됩니다"라는 얘기를 들었고, 주차한 차로 가는 내내 가슴에 뜨거운 기운이 올라오는 경험을 했습니다. 집으로 돌아가는 차에서 기분 좋은 맘 즐기려고 음악 크게 틀고 얼마나 소리를 질렀는지 모릅니다.

코로나 때문에 2년 동안 가족을 못 보던 때였는데, 이 순간 만큼은 그런 걱정거리, 회사에서의 스트레스 등이 모두 날아가는 기분이었습니다.

공인중개사, 주택관리사도 좋았지만, 생애 처음으로 현장형 자격증에 성공한다는 기분이 정말 남달랐습니다.

필기는 자주 있고, 실기는 그렇지 않다

지게차 준비를 위해서는 필기 합격 후 실기를 진행하는 순서로 해야 하는데, 필기는 CBT 라는 컴퓨터로 보는 시험이어서 자주 있는 반면, 실기는 지게차가 있는 시험장에서 치러야 하는 관계로 시험 빈도의 차이가 큽니다.

특히, 실기의 경우 응시자가 많은 관계로 원하는 때 원하는 곳에서 시험을 보려면 빠른 접수가 필수인 점 꼭 참고하셔야겠고, 연습 등록도 실기 접수를 하지 않으면 받아주지도 않습니다.

자주 있는 필기에 빨리 합격하고, 실기 접수 후 학원 등록해야 하는 점을 기억하십시오.

필기는 3일이면 충분하다

운전면허 필기 느낌이지만, 중장비 용어 등 때문에 조금 더 시간이 필요한 시험입니다.

그나마, 과거 학창 시절에 기술 과목을 들으신 남성분들은 좀 더 익숙할 만한 내용입니다.

저는 네이버 카페 '운단모'라는 곳을 통해 준비했습니다.

연계된 교재를 구매하면 카페 내에 강의를 볼 수 있는 시스템인데, 해당 강의만 듣고 교재에 있는 약 3회 분량의 기출문제만 눈에 익혀도 필기 준비는 충분합니다.

당시 공부했던 필기 교재

운전을 좀 한다면 연습 6시간, 그 외에는 8시간 추천

실기를 준비할 때, 운전을 20년 넘게 한 저도 조향이 앞바퀴인 자동차와 다르게 뒷바퀴인 지게차를 처음 몰 때는 어색했습니다.

그래도 2시간 지난 후에 익숙해져서 3시간째부터는 코스 외우는 본격적인 실전에 돌입했습니다.

학원 연습비가 시간당 책정되니 운전에 익숙한 분은 저처럼 6시간을 하시면 되고, 차분히 연습에 시간 쏟고 싶은 분은 8시간 연습을 추천합니다.

연습 및 시험 볼 때 이용한 지게차

제일 중요한 것은 실기시험 볼 때 긴장하지 않는 것

제가 연습했던 학원에서 시험을 보는 것이라 익숙함이라는 장점이 있습니다.

단, 시험 당일은 국가시험장으로 변한 학원 모습에 입구부터 긴장감이 감돕니다.

필기로 끝나는 자격증이면 60점 넘기 위한 집중만 하면 되지만, 실기로 자격증을 따는 경험은 거의 처음이어서, 내 순서가 오기 전부터 출발할 때까지 멘탈 관리가 매우 중요함을 시험 후 새삼 느꼈습니다.

제가 시험 볼 때, 어떤 응시생은 얼마나 떨렸으면 출발도 못하고 포기한 분도 보았습니다.

그만큼 시험 당일 멘탈 관리의 중요성은 아무리 강조해도 지나치지 않습니다.

지인들이 가장 많이 관심 가진 자격증

제가 자격증 여정을 진행하며 만족스러운 여가 시간을 보내고 있었기에, 주변 동료들에게 제가 취득한 자격증들을 동료 성향에 맞춰 추천하곤 했습니다.

그러나 확실히 이전 자격증들은 투자 시간도 많고 타이틀도 낯설어, 다들 격려는 해줬지만, 실제 실행으로 옮기는 모습은 잘 보이지 않았습니다.

그런데, 지게차 자격증은 달랐습니다. 제가 지게차 취득 소식을 공유했을 때 많은 동료들이 흥미를 보였고, 실제로 직접 도전하여 성공한 분이 무려 3명이나 나왔습니다.

그 과정에서 제가 경험한 노하우를 전수한 것도 한몫했겠지만, 지게차라는 자격증이 많은 사람들에게 흥미를 일으킬 만한 주제라는 것을 새삼 깨닫는 계기가 되었습니다.

이 자리를 빌려, 제 추천을 실행으로 옮겨 좋은 성과를 얻은 3명의 동료들에게 찬사를 보냅니다.

국가자격 시험장으로 변한 학원

야무진 실행 팁

무료한 일상을 짜릿한 긴장감으로 채우고 싶은 분에게 꼭 추천하는 자격증입니다.
자만하지 말고 실기시험 당일 멘탈 관리를 잘하십시오!

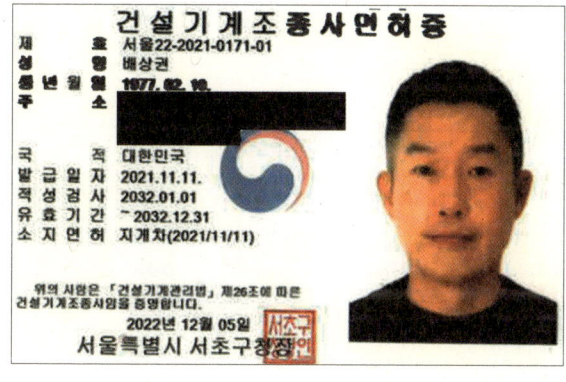

초경량비행장치 조종자 (2022. 11)
- 드론의 세계 입문

초경량비행장치/드론
드론을 안전하게 날리는 하늘 면허증

개요
- **내용** 필기 + 실기 + 구술 / 비행이력 20시간 필수
- **특징** 25kg 이상 기체 비행 위해서는 1급 자격 필요
- **난이도** ★★★☆☆

준비
필기 보다는 실기 및 구술 위주로 충분히 연습

추천
영상, 건설 쪽 취준생

군입대 시 드론병 원하는 분

꿀팁
연습과 시험을 동시에 진행하는 학원선정 중요

현장형 자격증은 언제나 멘탈 관리가 핵심

1) 자격증 개요

- **시험 구성** : 필기 / 실기 (드론 조종 + 구술)
- **시험 내용**

  필기 : 정규시험 – 50분 40문제 CBT 시험

  비행 이력 : 20시간 필수 (1종)

  실기 : 코스 주행 (20분 내) + 구술시험 (코스 주행 후 바로)
- **합격률** : 60%
- **응시 연령 / 조건** : 남녀노소 다양함

2) 난이도 & 준비기간

- **저자 체감 난이도** : ★★★☆☆
- **준비기간** : 2달 정도 소요 (비행 이력 수행을 주말에 하는 것 전제 시)
- **응시 연령 / 조건** : 남녀노소 다양함 / 만 14세 이상 응시 가능으로 고등학생도 많음

3) 추천 대상

- 드론 촬영으로 남들과는 다른 관점을 기록하고 싶은 분
- 터프한 중장비와 달리 세밀한 조종을 경험하고 싶은 분

4) 나의 공부 방법

- **방법** : 경기도 군포 소재, 경기드론 아카데미에서 필기 / 실기 모두 준비
- **비용** : 합격할 때까지 200만 원
- **주행 이력** : 매일 최대 2시간 약 5주 동안 방문해서 연습
- **실기 + 구술** : 20시간 주행 이력이면 실기는 무난함 / 구술 예상 문제를 잘 준비해야 함

5) 경험담

자격증 영역을 하늘로 확장

지게차로 현장형 자격증의 세계를 열고 나니, 지게차 합격 때 느꼈던 그 짜릿함이 마약처럼 다가왔습니다.

이제 현장형 자격증만 눈에 들어오기 시작했고, 그 스펙트럼도 매우 넓어졌습니다.

드론 자격증이야말로 스펙트럼 확장의 대표 자격증 같습니다. 그전까지만 해도 장난감으로만 가지고 놀았던 것이어서, 자격증의 존재조차 몰랐는데, 지게차 이후에 조사하면서 새로운 세계가 있다는 걸 알게 되었고, 이것을 실제로 도전하게 되면서 본격적인 자격증 스펙트럼 확장의 시대가 열립니다.

학원 선정을 잘해야 합니다

시험 준비 과정에 20시간의 비행 이력을 선행해야 하는 것이 드론 시험 특징 중 하나입니다.

자연 속에서 드론을 날리는 모습

이 과정을 잘 보내기 위해서, 필기 및 실기시험을 함께 시행하는 국토교통부 인증 전문교육기관에서 진행하셔야 합격 확률이 높습니다. 운전면허가 공식 면허시험장 말고 개별학원에서 진행할 때 합격 확률이 높은 것과 같은 이치입니다.

저는 앞서 기술한 대로 경기도 군포 소재, 경기드론 아카데미에서 비행 이력 수행 및 연습을 했습니다.

처음 드론을 접하는 것이라 어느 학원에서 해야 할지 막막했었는데, 20시간이라는 짧지 않은 시간을 투자해야 하기 때문에 인터넷 검색을 통해 반포인 집과 가장 가까운 곳을 최우선으로 학원을 선정했습니다.

근접성이 우선이었지만, 나중에 알고 보니 그 어느 곳보다 연습환경이 좋은 곳이었습니다. 대부분 옛날 학교 운동장처럼 모래 공터로 구성된 연습장들이 많은 것이 현실인데, 경기드론 연습장은 산으로 둘러싸인 쾌적한 환경에 푸른 잔디로 구성된 연습장이어서 힐링하면서 기분 좋게 연습할 수 있는 훌륭한 환경을 갖추고 있었습니다.

무엇보다 경기드론 대표님과 강사님들의 헌신적인 교육열이 인상적입니다. 대표님이 사고로 몸이 편치 않으신 분인데도 수강생 한 명 한 명 좋은 결과로 이어주기 위해 헌신하는 모습에서 사업의 성공을 넘어, 본인 인생의 만족을 위해 노력하는 또 다른 배울 점까지도 느끼게 해준 깨달음이 있었습니다.

만족감 높은 학원이고, 서울 강남권에서 그리 멀지 않은 곳에 위치하고 있으니, 드론에 도전하실 분은 참고하시면 좋겠습니다.

아버지와 아들이 같이 준비하는 모습을 많이 보았습니다

저처럼 취미로 준비한 분들 말고, 제2의 인생을 준비하려고 도전하시는 분들도 많습니다. 보통 그런 분들이 바라보는 분야는 농업활동, 촬영, 건축, 드론 업계라고 보시면 됩니다.

최근에는 학생들도 많이 응시하는데요, 주말에 아빠와 함께 오는 고등학생들을 많이 봤습니다. 주말 내내 집에만 있으면 게임만 하는데, 넓은 야외에 나와서 뭔가 배우라고 보내는 부모들도 있고, 아들의 경우 나중에 군대 특기병(드론병) 준비를 위해 미리 보내는 경우도 있었습니다.

저도 한창 연습할 때 딸 생각을 많이 했습니다. 물론 이걸 좋아할지는 모르지만, 떨어져 지낸지 4년 차가 되어서 그런지 한능검 때처럼 딸과 함께하는 무언가에 대한 갈망이 있어 그런 것이 아닌가 싶더라구요.

저는 비록 경험하지 못했지만, 자녀와 함께 할 자격증을 찾으시는 분께, 한능검과 함께 드론 자격증도 추천드립니다.

시험의 복병은 구술시험입니다

이 자격증의 가장 큰 난관은 구술시험입니다.

20시간 비행하여 터득한 실기 코스를 잘 통과했다면, 실기 비행 후 바로 감독관이 4~5개의 실무형 질문을 하며, 그것까지 성공적으로 마쳐야 최종 합격의 문이 열립니다.

구술시험 포맷 자체가 낯설고, 실기에 집중한 후 진행되기 때문에 시험 난이도가 꽤 높습니다.

그럼에도, 확실히 가치 있는 자격증일수록 제대로 지식을 습득한 사람에게만 자격을 부여하는 구조라는 점이 합격 후에 더 실감 났고, 이런 제도를 오히려 지지하게 되었습니다.

농약까지 뿌릴 수 있는 전문 드론

안전모 쓰고 연습하던 모습

야무진 실행 팁

색다른 자격증을 원하는 분들이라면 꼭 한번 드론 조종자에 도전해 보십시오.
그리고 중고등학생 자녀와 함께 할 자격증을 찾는 분에게 적극 추천합니다.

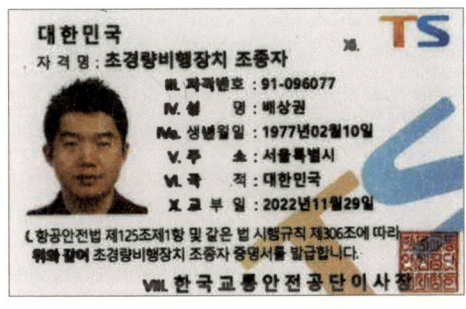

굴착기운전기능사 (2022. 12)
- 중장비 자격의 끝판왕

굴착기운전기능사

중장비 자격의 끝판왕

개요

- **내용** 필기 + 실기 / 실기는 주행과 굴착작업 2가지
- **특징** 지게차보다 낮은 합격률 / 연습비용 고가임
- **난이도** ★★★★☆

준비

10~12 시간 연습 필요

굴착작업 중 평탄화를 집중 연습할 것

꿀팁

지게차로 중장비 입문 후 굴착기 접하는 게 유리

평가관에게 잘 보이는 것 특히 필요한 시험

추천

건설현장 예비취업자

중장비 하나쯤 원하는 분

1) 자격증 개요

- **시험 횟수 :** 필기 및 실기 수시로 가능 (필기 2주 단위 / 실기 한 달 단위)
- **시험 내용**

    필기 : CBT (Computer Based Test) 시험 / 4지선다 / 60점 이상 합격

    실기 : 코스 주행 + 굴착 작업 (흙 푸기 〉 옮기기 4회 + 평탄화 마무리 : 4분 내 완수)

- **응시생 :** 4만 명 (24년 / 지게차 11만)
- **합격률 :** 필기 80% / 실기 3~40%

2) 난이도 & 준비기간

- **저자 체감 난이도 :** ★★★★☆
- **준비기간 :** 필기 3일 / 실기 8~10시간 연습 필요
- **응시 연령 :** 남녀노소 다양하나 4~50대 남자가 많은 편

3) 추천 대상

- 지게차에 이어 취업률 높은 중장비 자격증

- **흙 푸고 땅 고르는 본능적인 경험을 느끼고 싶은 분에게 추천**

4) 나의 공부 방법

- **필기 :** 한국산업인력공단 개별 신청 후 진행
- **실기 :** 남양주 북부신진운전학원 / 8시간 연습 진행 / 학원비 95만 원
- **결과 :** 필기 한 번에 합격 / 실기 재수함

5) 경험담

두 번째 실패의 경험

현장형 자격증을 시작하면서, 스트레스보다는 재미에 포커스를 많이 두었고, 덕분인지 주말마다 연습하러 갈 생각 자체가 매우 즐거운 시기였습니다.

기러기 4년 차였지만, 그 재미를 벗 삼아 외로운 마음이 들지 않도록 스스로를 채찍질했고, 그중에서도 굴착기 연습할 때의 몰입감은 특별했습니다.

그 이유는 시험의 난이도가 매우 높았기 때문입니다.

굴착기 시험은 2단계로 구성되어 있습니다. 2단계라는 점부터 지게차와 난이도 차이가 느껴지는데, 특히 두 번째 실기시험인 굴착 작업이 최강의 난이도를 자랑합니다.

2단계 시험을 위해서는 충분한 연습이 필요합니다. 학원에서는 지게차보다 많은 최소 8시간을 권장했고, 직접 해본 제 경험으로는 한 번에 합격하려면 10~12시간 정도 연습하는 것이 좋습니다.

다만 비용이 문제인데, 중장비 자체가 크다 보니 8시간 연습 비용이 당시 학원 시세로 95만 원이었습니다. (강습비 포함)

아파트 2층 높이의 굴착기

첫 번째 시험은 S자 코스를 전진·후진으로 통과하면 합격입니다. 처음에는 웅장한 기체를 어떻게 조종할지 긴장이 되지만, 선생님이 알려주신 공식대로 수행하면 눈 감고도 선을 밟지 않을 수 있습니다. 실제로 학원에서 연습한 사람은 90% 이상이 1차 관문을 통과했습니다.

문제는 두 번째 굴착 작업입니다.

4분 내 ①~④번 과정을 4회 수행 후 ⑤번을 진행해야 합니다.

① 굴착기 버킷으로 흙 적재 (버킷을 꽉 채우거나 넘치게)

② 180도 반대편으로 선회

③ 흙 배토

④ 180도 반대편으로 선회 후 1번부터 반복

⑤ 4회 이후에는 배토한 영역을 버킷으로 평탄화

단순한 작업 같지만, 4분이라는 제한 시간 때문에 흙을 효율적으로 퍼야 하고, 기체 움직임이 능숙해야 합니다. 특히 마지막 평탄화 과정에서는 세밀한 조종 능력이 요구됩니다.

바로 이 두 번째 코스에서 저는 어이없는 실패를 경험했습니다.

앞서 설명했듯이 4회 반복해야 하는데, 긴장한 나머지 5회를 해버린 것입니다. 룰 상 최소 4회이므로 탈락 사유는 아니었지만, 그만큼 시간을 쓰면서 시간 초과로 실패를 경험했습니다.

지게차 시험에서는 돌아가는 차에서 기쁨의 환호성을 질렀지만, 굴착기 시험에서는 바보 같은 제 모습에 자책을 많이 했습니다.

역시 현장형 자격증에서 가장 중요한 것은 긴장감을 다스리는 것임을 뼈저리게 깨달았습니다.

해 질 무렵 열심히 연습 중

심사위원 주관이 개입되는 평가 항목

굴착기 시험에서 응시생들이 주의해야 할 부분이 심사위원분들의 주관적인 판단이 들어갈 수밖에 없는 영역이 있다는 것입니다. 대표적으로 적재한 흙 양을 보는 부분과 평탄화의 정도를 판단하는 부분입니다. 2개 모두 심사위원 개개인의 판단에 오차가 생길 수 있는 부분이어서 이 부분에 예민해지기보다는 오히려 이걸 인정하고, 차라리 시험 전후로 심사위원께 단 1초라도 좋은 인상을 주는 것이 합격으로 이어지는 지름길이니 잘 명심하시면 좋겠습니다.

굴착기 시험 당일 모습

야무진 실행 팁

지게차보다 굴착기가 2배 정도 어렵습니다.
우선 지게차로 중장비에 대한 두려움을 떨치고, 익숙해지면 굴착기를 도전하는 것이 좀 더 빨리 합격하는 지름길입니다.

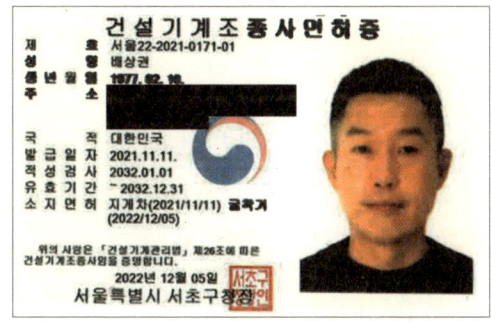

2023~2024
: 취미와 전문성 융합

생활스포츠지도사 2급(골프) (2023. 12)
- 취미를 자격으로

생활스포츠지도사 (골프)
국가가 공인하는 유일한 골프 티칭 자격증

개요
내용 필기 + 실기 + 구술 + 연수 / 1년 투자해야 함
특징 실기 : 커트라인 6홀 +3 / 연수 : 90시간
난이도 ★★★★★

준비
필기 : 과목선택이 중요
실기 : 평소에 땡그랑 연습
구술 : 용어위주 학습

추천
골프 티칭 관심있는 분
골프 사랑에 전문성을 더하고 싶은 분

꿀팁
골프는 멘탈 스포츠,
실기 때 긴장 안 해야 함!
구술이 의외의 복병,
틈틈히 규칙 공부!

1) 자격증 개요

- **시험 횟수** : 1년에 1회
- **시험 내용**

  필기 : 7개 과목 중 5개 자유 선택 / 20문제 x 5과목 = 100문제 / 60점 이상 합격

  실기 : 66개 종목 중 선택 / 종목마다 시험 상이 / 골프는 6홀 플레이 +3 이하 통과

  구술 : 실기 합격한 사람만 현장에서 20~30분 정도 골프 관련 문제를 구술

  연수 : 90시간 수강 (66시간 교육기관 수업 + 24시간 현장실습)

- **필기 응시 / 합격률** : 4.3만 응시 / 1.6만 합격 / 합격률 37% (골프 종목만 보면 5% 미만)

- **필기 기출 공개** : O / 국민체육진흥공단 KSPO

- **최종 합격생** : 1.5만 명 (23년)

- **합격 상세** (합격생 선택 종목 순)

  보디빌딩(0.8만) > 태권도(0.1만) > 수영(880) > 축구(850) > 골프(572)

2) 난이도 & 준비기간

- **저자 체감 난이도** : ★★★★★
- **준비기간** : 전체 기간 6~8개월 소요
- **응시 연령 / 조건** : 조건은 없음 / 체대생 필수 자격증으로 유명

3) 추천 대상

- 일반인이 운동을 통해 동기부여 가질 수 있는 최고의 자격증
- 일반인이 올림픽에서 금메달 따는 것이 무언지 간접경험 할 수 있는 흔치 않은 기회
- 민간 및 구민체육센터 급에서 실제 코칭을 할 수 있는 자격증

4) 나의 공부 방법

- **필기** : 교재 안 샀음 / 기출문제 중심으로 문제 맥락 익히는 훈련
- **실기** : 골프 실력을 키우기 위한 본인만의 훈련 필요 / 실제 시험장 사전방문 다수 필수
- **구술** : 골프 규칙 2회 독 (특히, 용어 정의는 암기) / 시중에 기출문제집

구매 후 학습

- **연수** : 원하는 장소에서 진행하기 위한 등록이 어렵지, 90시간 수강 자체는 끈기와의 싸움

5) 경험담

취미가 자격증으로, 자격증 취득이 취미로

공부 중심으로 시작했던 초창기, 현장형 자격증으로 확장했던 중반기를 거쳐 이제는 취미를 전문적으로 접근하는 시기에 접어들었습니다. 그러다 보니, 자격증을 수집하는 것이 새로운 취미가 될 정도입니다.

저는 2009년부터 골프를 시작했습니다.

회사 내에서 골프를 통한 친목 도모 분위기가 형성되어 있었고, 그때가 스크린골프라는 신문물이 처음 등장한 시기라 자연스럽게 접하게 되었습니다.

나름 오랜 구력으로 싱글까지 쳐본 경험도 있었고, 현장형 자격증을 여럿 경험하면서 '취미였던 골프를 자격증으로 정복해 볼까'라는 생각에 다다르게 되었습니다.

원래 생활스포츠지도사라는 자격증 자체는 몰랐고, 골프는 소위 '프로테스트'만 있는 줄 알았습니다. 몇몇 골프협회에서

하는 자격증을 살펴보던 중, 우연히 국가공인 자격증인 생활스포츠지도사를 발견했고, 뒤도 돌아보지 않고 몰입하게 되었습니다.

덕분에 취미가 자격증으로 전문화되는 특별한 경험을 시작하게 되었지만, 그 과정이 결코 만만하지 않았습니다.

실패를 또 한 번 경험하게 해준 자격증

필기시험 난이도 최상인 세무사, 현장형 자격증 중 난이도가 높은 굴착기를 경험한 뒤, 오랜만에 또 실패를 맛보게 해준 자격증이 바로 생활스포츠지도사입니다.

실기에서 낙방 후, 다음 해 재도전하여 통과했는데요. 제가 선택한 골프 종목의 특성이 큰 이유였습니다. 세계 1위였던 타이거 우즈조차 오늘 잘 치고 내일은 망할 수 있는 스포츠가 골프이기 때문입니다. 결국 실력 탓에 떨어진 시험이기에, 골프를 선택하신다면 평소 꾸준히 싱글을 낼 정도의 실력을 갖춘 후 도전하시길 추천드립니다. 떨어지면 아프기도 하지만, 더 아픈 건 1년을 기다려야 한다는 것입니다.

필기는 과목 선택이 당락을 좌우한다

재밌는 선택지가 있는데, 모든 수험생이 같은 과목을 보는 것이 아니고 7개 과목 문제 중 5개 과목 문제를 시험장에서 선택해서 풀면 됩니다.

　스포츠 교육학 / 스포츠 심리학 / 스포츠 사회학 / 스포츠 윤리 / 운동역학 / 운동생리학 / 한국체육사, 이렇게 7가지입니다.

　제목만 보아도 체육 계열 학문이라고 느껴지실 것입니다.

　저도 처음 접했을 때는 매우 낯설었고, '하다 하다 체육과목까지 공부하는구나' 하는 생각도 들었습니다. 나중에 후기들을 보니, 일반인에게는 낯설지만 체대생에게는 익숙한 과목이더군요.

　예상대로 과목 선택이 합격을 크게 좌우합니다. 대부분 수험생은 한국체육사부터 제외합니다. 역사 특성상 암기량이 많기 때문입니다.

　그다음 선택은 개인차가 있습니다. 저는 운동생리학을 제외했습니다. 운동역학은 물리, 운동생리학은 화학과 비슷하다고 보면 되는데, 저에게는 물리 쪽이 더 맞았던 것이죠.

　이런 판단은 항상 그렇듯 노베이스로 기출문제를 먼저 풀어보고 전략을 세우는 방식으로 이루어졌습니다. 기출문제를 풀며 감을 잡고, 공부 전략을 수립한 것이죠.

　결과적으로 60점 커트라인을 간신히 넘으며 합격했지만, 새로 시작하시는 분이고 전공자가 아니라면 단권화된 교재로 이론 공부에 최소 2개월 정도 투자하는 것을 추천드립니다.

실기시험 보는 시험장의 특성을 제대로 보여준 자격증

지게차, 드론, 굴착기 등 실기 중심 시험장의 공통점은 시험장 분위기가 매우 엄숙하다는 것입니다. 그중에서도 생활스포츠지도사 골프 시험장은 단연 최고였습니다.

평소 골프장은 여가와 즐거움을 위해 가는 곳이지만, 시험장으로서의 골프장은 비장함이 감도는 결투의 장 같았습니다. 1년에 한 번, 어떤 사람에게는 취업이나 학교 졸업을 좌우하는 시험이기 때문에 긴장감이 극도로 높았습니다.

넓은 야외에서 수많은 응시생이 한마디 말 없이 연습에 매진하는 모습이 모두가 올림픽에 출전한 선수처럼 진지했습니다. 이런 경험은 인생에서 흔히 얻기 힘든 긴장감이라, 꼭 한 번 경험해 보시길 권장합니다.

의외의 복병은 역시 구술시험

평소 9홀 골프를 플레이하면 약 2시간 정도가 소요되지만, 시험으로 보면 2배 정도의 시간이 걸리고 체력 소모도 상당합니다.

실기 통과의 기쁨도 잠시, 체력 소모된 상태로 구술시험이 바로 이어지기에 그 자체만으로도 난이도가 높습니다. 구술시험장은 골프장 클럽하우스 내 식당을 개조해 운영되었는데, 들어서자마자 4명의 심사관이 계셨습니다. 특히 그분들의 풍

채와 아우라가 인상적이었는데, 나중에 알게 되었지만 체대 교수진 및 골프협회 소속된 전문가 분들이셨습니다.

이런 분들 앞에서, 땀에 젖은 옷을 입고 회사 면접처럼 답변해야 한다는 것은 결코 쉬운 일이 아니었습니다. 구술 준비 과정도 꽤 많은 시간이 필요하며, 시험 환경을 충분히 고려해 단단히 준비해야 합니다.

구술시험을 준비한 교재와 암기 노트

좀 더 개선되었으면 하는 연수제도

저는 8월경 합격 통지를 받았고, 연수도 빠르게 신청하여 바로 진행하였습니다. 연수 총 시간은 90시간으로, 이 중 66시간은 이론 강의, 나머지 시간은 현장 실습입니다.

만만치 않은 시간이지만, 합격의 기쁨에 연수가 어렵거나 지겨울 것이라는 생각보다는 좋아하는 골프를 가르치는 예비 연습이라는 생각에 설레었습니다.

저는 숭실대에서 개설된 강의를 들으며 주중 야간반 2주 강행군을 소화했습니다. 회사 근무를 마치고 참여했기에 피곤함이 있었지만, 66시간의 이론 수업에서는 약간 아쉬운 부분도 있었습니다.

연수 강의 시간표

제가 제일 아쉬웠던 점은, 제가 선택한 골프 종목에 특화된 교육이 아니었다는 점입니다.

연수 대상이 골프종목만이 아닌 모든 종목 합격자인 것이 원인이라고 생각합니다. 가장 합격자가 많은 보디빌딩부터 축구, 탁구, 골프 등 약 60여 개 종목의 대상자가 모이다 보니, 커리큘럼이 종목별 특화보다는 지도자가 되기 위한 일반적인 내용으로 짜여 있었습니다. 그렇게 구성할 수 밖에 없는 현실적 이유는 이해되나 아쉬움은 어쩔 수 없었습니다.

24시간의 현장실습도 비슷했습니다. 좀 더 실무형으로, 내가 향후 골프 티칭을 하게 되면 어떤 부분을 실무적으로 유념해야 하는지 배우는 시간이 있었으면 좋았을 텐데, 실제 현장이 영업 중인 곳이다 보니 연수생에게 오롯이 시간을 투자하는 부분은 현실적으로 어렵게 느껴졌습니다.

제가 경험한 연수가 모든 경우에 적용된다고 일반화할 수는 없지만, 귀한 시간과 비용을 투자하는 만큼, 종목별 특화 및 실무 중심 교육을 더욱 강화하도록 관계 당국에서 많은 고민을 해주셨으면 합니다.

야무진 실행 팁

과정을 생각하면 거의 1년 내내 시간 투자를 해야 하는 고난의 길을 겪어야 하지만, 돌아보면 가장 기억에 남는 자격증이기도 합니다. 좋아하는 운동의 전문가로서 인정을 받는 기분을 꼭 경험해 보시길 바랍니다.

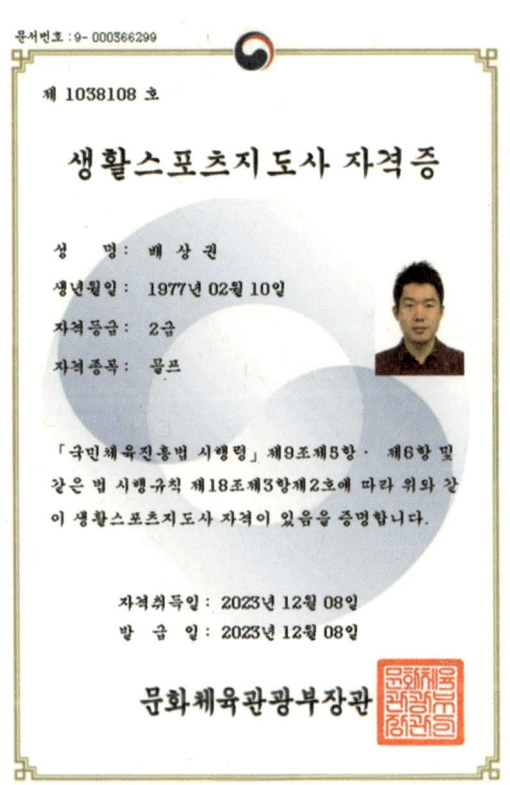

초경량비행장치 교관 (2024. 03)
- 기술의 전수

드론 교관 자격증

조종자를 양성하는 전문성 갖추기

개요

내용 매주 진행 / 3일 교육 + 필기

특징 80시간 비행이력 추가로 채우는 것이 관건

난이도 ★★★★☆

준비

5달 정도 소요되는 비행이력 채우기 과정

시험은 교육만 충실히

추천

드론으로 새출발 원하는 분

여분의 시간 많은 분

꿀팁

비행이력 채울때 미리 수강생 코칭연습 할 것

내용 바뀐다는 소문 있음 변경 전 시도 추천!

1) 자격증 개요

- **시험 횟수 :** 매주 진행 / 교육 (3일, 18시간) + 필기시험
- **전제조건 :** 비행 기록 100시간 필요 (드론 조종자 자격 취득 시 20시간 포함)
- **시험 내용 :** 3일 진행되는 교육 과정에서 나온 내용 중심 / 70점 이상 합격

2) 난이도 & 준비기간

- **저자 체감 난이도 :** ★★★★☆ (시험은 쉬운데, 비행기록 100시간 때문에)
- **준비기간 :** 비행 기록 때문에 1주일 4시간 비행 시 5달 소요
- **응시 연령 :** 40~50대 위주

3) 추천 대상

- 드론에 미쳤는데 현재 시간이 많다면 노후 대비로 추천
- 누군가 가르치는 것을 좋아한다면 해볼 만한 시도

4) 나의 공부 방법

- **학원 등록비 : 200만 원** (80시간 비행을 위한 장소 및 기체 대여비로 보면 됨)
- 80시간 비행을 위한 시간이 지루하기도 하지만 가끔 일반 수강생들에게 드론 자격증 시험코스 시연도 해주며 예비 교관으로서 연수한다는 기분으로 하니 괜찮았음. 즉, 나만의 시간 보내기 세팅이 필요함

5) 경험담

전문가라는 호칭에 대하여

회사에서 일하다 보면 어느 순간, '전문가'라는 단어가 자연스럽게 따라붙습니다. 수년간 같은 분야에서 경험을 쌓고 시간을 투자하다 보면, 특별히 의도하지 않아도 주변에서 그렇게 부르곤 합니다.

하지만 솔직히 말하면, 그 단어를 들을 때마다 마음 한구석은 조금 불편했습니다.

과연 나는 진짜 전문가일까? 단순히 오래 있었다는 이유로 불리는 건 아닐까?

자격증을 취득하면서도 비슷한 생각이 들기 시작했습니다.

자격증이라는 것이 어떤 분야의 전문가를 지칭하는 상징임을 생각하면, 취득할수록 스스로 전문가임을 증명하는 경험을 하고 싶다는 마음이 생기더군요.

제가 취득한 여러 자격증 중에는 단순한 입문 수준을 넘어 한 분야를 깊이 탐구하고 끝까지 가본 것들이 있었습니다. 그중 가장 기억에 남는 과정이 바로 드론 교관 자격증입니다.

깊이 파고들기로 한 이유

드론과의 인연은 조종자 자격증 취득에서 시작되었습니다.

처음에는 단순한 호기심이었습니다. 하늘을 나는 기계, 조종 스틱을 잡았을 때 손끝으로 느껴지는 긴장감, 화면에 잡히는 공중 시야가 주는 짜릿함. 이런 요소들이 저를 드론의 세계로 이끌었습니다.

하지만 조종자 자격증을 취득한 뒤, 문득 이런 생각이 들었습니다.

"새로운 걸 시작하는 것도 좋지만, 이미 경험한 것을 끝까지 밀어붙이는 것도 재미있지 않을까?"

이 생각은 제가 생활스포츠지도사를 취득하며 좋아하는 분야를 깊게 탐구했던 경험에서 큰 영향을 받았습니다.

그래서 저는 드론 조종자를 양성하는 교관 과정에 도전했습니다.

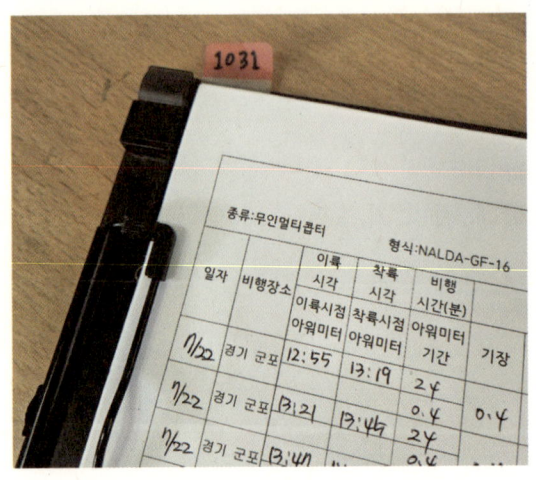
80시간 비행 이력을 위한 일지 쓰기

교관 과정은 결코 가볍지 않습니다. 80시간 이상의 비행 경력을 쌓아야 하거든요. 직장인에게 80시간은 상당한 시간과 노력이 필요한 일이지만, 당시 저는 기러기 생활 중이라 상대적으로 시간을 확보할 수 있었습니다.

이 기회를 살려 하나의 분야를 끝까지 파고들며, '전문가'라는 호칭의 무게를 온전히 경험해 보자고 마음을 굳혔습니다.

전문가의 길, 제도와 현실

드론 전문가로 가는 길은 비교적 명확합니다.

조종자 → 교관 → 실기평가 시험관 순서입니다.

흥미로운 점은 교관 과정에는 실기시험이 없다는 사실이었습니다. 조종자와 시험관은 실기시험을 치러야 하지만, 정작 사람을 가르치는 교관은 필기시험만 존재합니다.

처음에는 제도적 이유가 있었겠거니 생각했지만, 시간이 지날수록 의문이 생겼습니다.

"80시간의 비행 경력을 쌓았는데, 실질적인 검증이 없다면 그 시간의 의미는 어떻게 증명될까?"

다행히 이 문제는 업계에서도 논의가 되고 있다고 들었습니다. 실제로 교관 과정에도 실기를 추가해야 한다는 움직임이 있다고 합니다. 그래서 저는 주변에 이렇게 조언하곤 합니다.

"드론 교관을 생각한다면, 제도가 바뀌기 전에 빨리 도전하는 것이 좋습니다."

시흥 드론교육센터에서의 기억

서울에 거주했던 저는 가장 가까운 시흥 드론교육센터에서 교관 과정을 신청했습니다.

교육은 평일에만 운영되어 직장인 입장에서는 연차를 써야 했습니다. 그만큼 마음속 압박이 컸습니다.

"이번에 반드시 합격해야 한다. 두 번 기회를 낼 여유는 없다."

교육장에 들어섰을 때 느껴지는 분위기는 예상과 달랐습니다. 다른 자격증 교육에서처럼 형식적으로 시간을 채우는 경우는 전혀 없었습니다. 교육 내용은 매우 실무 중심적이었고,

무엇보다 수강생들의 집중도와 몰입감이 뛰어났습니다.

교관 과정을 준비하면서 저는 잠시 다시 학생이 된 듯한 기분을 느꼈습니다.

매 수업마다 노트에 빼곡히 필기하고, 모르는 부분은 다시 찾아 정리했습니다.

생활스포츠지도사 과정을 경험할 때는 다소 비효율적인 연수에 답답함을 느꼈지만, 드론 교관 교육은 달랐습니다. 집중과 몰입, 그리고 현장감이 살아 있었습니다.

합격의 순간

교육 마지막 날, 시험이 진행되었습니다. 교육 내용이 그대로 시험으로 이어지기 때문에, 수업 시간에 충실히 임한 사람이라면 큰 어려움 없이 합격할 수 있습니다.

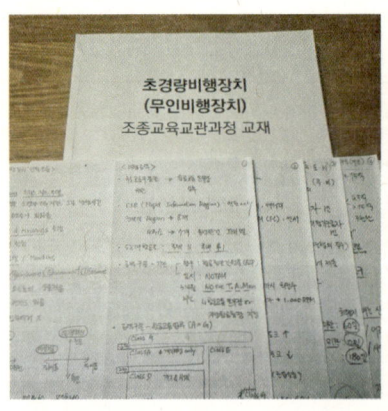
교육과정 교재

암기 노트

저 역시 끝까지 집중하며 시험에 임했고, 무난히 합격할 수 있었습니다.

자격증을 손에 쥐었을 때 느낀 것은 단순한 합격증 이상의 성취감이었습니다.

그 성취감은 한 장의 종이에서 오는 것이 아니라, 80시간을 쏟아부어 한 분야를 깊이 파고든 경험, 그리고 이제 드론을 가르칠 수 있다는 새로운 정체성에서 비롯되었습니다.

이 경험은 제게 전문성이라는 단어의 의미를 몸으로 체감하게 해준 값진 시간이었습니다.

야무진 실행 팁

오랜 투자 시간이 필요한 과정이지만, 80시간 비행을 할 때 서포트해 주는 학원과 긴밀한 관계를 유지하면 교관 취득 후, 교관 취업까지 자연스럽게 연결될 가능성도 있습니다.

자연에서 업무 보는 근무 환경을 원하신다면 드론 교관에 도전해 보시길 추천드립니다.

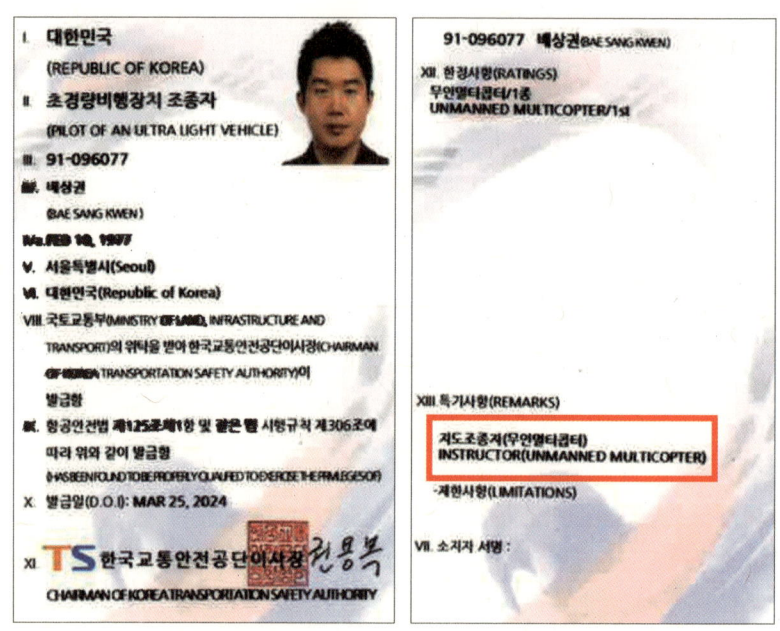

조종자 자격증에 '지도조종자'라는 문구만 추가됨

골프 레프리 레벨1 (2024. 05)
- 골프 규칙 전문가 되기

골프 레프리 Level 1
고수들만 아는 숨은 골프 자격증

개요
- **내용** 교육 + 실습 + 필기 / 연간 6회 시행 (25년 기준)
- **특징** 교육과 실습만으로도 본전 뽑음
- **난이도** ★★☆☆☆

준비
신청 과정이 큰 허들
골프룰 북 사전 숙지 필요

추천
골프 룰에 관심있는 분
골프 심판을 꿈꾸는 분

꿀팁
기념품 네임텍이 간지남
취득시, 영국 R&A 시행
레벨3 도전가능!

1) 자격증 개요

- **시험 횟수** : 24년까지 연간 2회 / 25년부터 레벨1 온라인, 레벨2 연간 6회
- **시험 내용** : 교육 수강 후 필기시험

2) 난이도 & 준비기간

- **저자 체감 난이도** : ★★☆☆☆
- **준비기간** : 사람마다 다름 / 평소 지식 + 골프 규칙 내용 숙지 (특히, 용어의 정의)
- **응시 연령 / 조건** : 골프를 사랑하는 누구나 참여 가능

3) 추천 대상

- 골프 프로 및 캐디도 듣는 실습 위주의 하이 레벨 교육
- 골프를 제대로 재밌게 시작할 또 다른 방법

4) 경험담

취미에서 전문가까지

생활스포츠지도사 취득으로 골프에서는 이제 누군가를 가르칠 수 있는 공식적인 자격을 얻었습니다.

하지만 워낙 좋아했던 스포츠라 여기서 멈추고 싶지 않았습니다.

이 자격증의 존재를 알게 된 계기는 생활스포츠지도사 골프 연수 기간에 만난 동기 연수생 덕분이었습니다.

여성 동기분이 골프 레프리를 준비한다고 하여, 저도 검색해 보니 매우 매력적으로 느껴졌습니다.

골프 티칭 자격증에 심판 자격까지 갖춘다면, 제 골프 사랑을 객관적으로 증명하는 완벽한 마무리라 판단했습니다.

생활스포츠지도사 구술시험 준비 과정에서 골프 규칙을 이미 공부했기에, 연계성도 높아 준비하기 편리했습니다.

골프가 취미를 넘어설 만큼 좋아하는 분이라면 골프 레프리 과정까지 경험해 보시길 강력 추천합니다.

참여자의 상당수가 캐디 또는 프로지망생

골프 레프리 자격증은 의외로 골프 프로선수들과 캐디에게 인기가 많았습니다.

골프는 야구나 축구처럼 심판이 적극 개입하지 않고, 플레이어 자신이 룰을 지키며 양심적으로 진행하는 스포츠입니다. 따라서 레프리가 존재하더라도 플레이어와 캐디의 룰 숙지가 매우 중요합니다. 골프 룰은 매우 복잡하고 용어가 영국에서 시작했기에 이질적인 부분이 많기 때문에, 선수와 캐디 모두 전문성을 높이기 위해 공식적인 룰 교육에 관심이 많았던 것이죠.

우리나라에서 골프를 경험하면, 룰을 엄격히 지키지 않아도 되는 경우가 많습니다.

캐디와 프로님들이 가득한 강의장

이는 골프가 고비용 스포츠이고, 비즈니스 접대나 사교 목적으로 진행되는 경우가 많아, 굳이 룰을 엄격하게 적용하지 않는 문화가 반영된 것으로 보입니다.

하지만 전문성을 갖추면 성과의 크기가 훨씬 크기 때문에, 골프를 시작하는 분이나 이미 중견 골퍼이지만 룰을 잘 모르는 분들께 이 과정을 경험해 보시길 추천드립니다.

시험을 떠나 교육과정이 너무 잘 되어 있음

골프 레프리 자격증은 레벨 1, 2, 3 세 단계로 나뉩니다.

영국왕실골프협회인 R&A에서 정한 규정이며, 레벨 1·2는 각 국가 협회에서, 레벨 3은 영국에서 오피셜 담당자가 진행합니다.

레벨 3은 2~3년에 한 번 개최되며, 현업 레프리들도 도전하는 자격증입니다.

레벨 1은 누구나 참여 가능하며, 레벨 2는 레벨 1 수강자 중 성적 우수자가 신청, 레벨 3은 레벨 2 보유자 중 선택됩니다.

레벨 1 교육은 하루 동안 안산 강욱순골프아카데미에서 진행됩니다.

100타석 이상의 연습 타석과 자체 파3 연습장 등, 골프 연습에 최적화된 시설이 놀라웠습니다.

교육 커리큘럼은 다음과 같이 진행됩니다.

- 오전 : 골프 규칙 설명
- 식후 : 실외 실습으로 상황별 규칙 적용
- 필기시험 진행

규칙 설명에서는 대한골프협회 정직원 분들이 멋진 제복을 입고, 사명감을 가지고 강의를 해주시는 것이 인상적이었습니다.

무엇보다 백미는 실외 실습 시간이었습니다.

실제 골프 코스에서 조끼리 모여 코스별 룰과 애매한 상황의 케이스별 룰을 배우며, 강사분들의 열정적인 지도와 수강생들의 다양한 질문에 대한 명쾌한 답변을 들으며,

'정말 골프라는 스포츠 하나에 사람들이 이렇게 대동단결 되는구나'를 새삼 느낄 수 있었습니다.

골프 규칙 책 / 대한골프협회에서 구입 가능

골프 규칙 책 / 그림 등으로 상세히 설명됨

너무 유익한 시간이어서 매우 짧게 느껴진 실외 실습을 마치면 다시 복귀하여 필기시험을 진행합니다.

50문제를 약 1시간에 걸쳐 풀게 되는데, 문제는 용어, 상황별 판단 등에 대한 내용으로 이뤄져 있고, 객관식은 3지선다, 몇몇 문제는 괄호 넣기 주관식으로 이뤄져 있습니다.

객관식 3지선다라서 상당히 쉬울 것이라 보이는데, 의외로 헷갈립니다. 그만큼 골프 규칙이 만만치 않다는 거겠죠?

파3 골프장에서 진행되는 실습 장소 가는 길

제가 설명드린 것과 다르게 25년 들어서 제도에 조금 변경이 생겨 설명드립니다.

레벨 1은 온라인 테스트로 변경되었습니다. 1시간 내 50문제를 풀고 60점 이상 받으면 합격증을 받게 됩니다. 레벨 2는 제가 설명드린 과정으로 이틀에 걸쳐 강욱순골프아카데미에서 시행되고, 횟수가 연간 2회에서 6회로 확대되었습니다.

레벨 2 횟수 확대는 매우 환영할 일이고, 과정이 이틀 된 것도 경험해 본 입장에서는 더 내실 있는 교육이 될 것 같아 잘한 결정으로 보입니다.

레벨 1이 온라인 테스트가 된 것도 접근성 측면에서는 좋은 변화라고 생각되는데, ChatGPT 등을 써서 시험을 치르는 부정행위는 못 막을 것 같고, 이 부분은 응시생의 양심에 맡겨야 하는 부분 같습니다.

기념 굿즈로 받은 네임텍

야무진 실행 팁

신청이 어렵습니다. 1년에 소수에게 몇 번밖에 기회가 없기 때문입니다. 광클릭으로 꼭 신청 관문을 통과하십시오.
또한, 이 자격증은 멋진 기념 굿즈가 있습니다. 바로 네임택입니다. 골프 백에 메고 가면, 캐디님들이 프로 온 줄 알고 저를 우러러 보는데 기분이 나쁘지 않습니다.

보트면허/일반조종 2급 (2024. 05)
- 육해공 자격증 완성

보트면허 / 일반조종2급
한강에서 취득하는 색다른 자격증

개요
- **내용** 필기+실기 or 면제교육 (36시간) 중 택 1 가능
- **특징** 서울에는 반포, 마포 쪽 한강에서 취득 가능
- **난이도** ★☆☆☆☆

준비
면제교육 상시 운영 중
면제교육 5일 출석
주말반도 있음

추천
색다른 조종 원하는 분
배를 소유하고 있는 분
레저용으로 취득 원하는 분

꿀팁
필기+실기보다는
면제교육을 추천

쉽게 볼 수 없는 한강의
다른 뷰를 볼 수 있음

1) 자격증 개요

- **취득 방법**

  선택 1) 필기 및 실기 시험 각각 개별 진행

  선택 2) 36시간 교육 및 실습을 수강하는 면제 교육 진행 >> 제가 진행한 과정

- **교육장 위치 / 비용 :** 서울 기준 반포, 마포 / 82만 원
- **취득 혜택 :** 5마력 이상 모터보트, 고무보트, 제트스키, 호버크래프트 등 운전 가능
- **연간 취득자 :** 2만 명

2) 난이도 & 준비기간

- **저자 체감 난이도 :** ★☆☆☆☆
- **준비기간 :** 총 5일 출석 / 36시간 이론 + 실습 / 주중반, 주말반 있음
- **참여 연령 / 조건 :** 남녀노소 다양함 / 보트 소지자, 낚시인, 제트스키 등 레저인이 주로 참여

3) 추천 대상

- 취득 과정이 레저 같아서 재밌는 자격증
- 탈 것 면허 취득에 취미를 가지신 분이라면 놓치지 말아야 할 자격증

4) 경험담

자격증 포트폴리오 확장의 끝판

현장형 자격증 몇 가지를 취득하다 보니, 중장비로 땅을 정복하고, 드론으로 하늘을 정복한 기분이 들었습니다.

그렇다면 마지막으로 물을 정복하여 육해공 자격증을 모두 취득하는 마침표를 찍어야겠다는 생각이 들었습니다.

저는 반포에 살고 있어, 취미인 자전거 타기를 한강에서 자주 했습니다. 그때마다 한강 편의점에서 한강 라면을 먹는 게 루틴이었습니다.

육해공 자격증 관련 생각을 할 즈음, 한강 라면 파는 큰 건물 위 간판을 보게 됩니다.

'반포조종면허시험장'

제가 이곳을 100번도 넘게 왔지만, 저 간판이 이제야 눈에 들어왔습니다.

면제 교육을 받았던 잠수교 옆 조종면허시험장

'이게 운명인가 보다' 생각하며 자연스럽게 과정 등록 상담을 하러 들어갔습니다.

정말, 뜻이 있어야 길이 보인다는 말이 맞나 봅니다.

시간이 된다면 면제 교육 추천

자격증 취득 방법은 두 가지가 있었습니다.

- **정통 루트** : 필기시험 + 실기시험
- **면제 교육** : 일정 시간 교육 수강 후 시험 없이 자격 취득

저는 뒤도 안 돌아보고 교육을 듣는 방식을 선택했습니다. 한두 번의 자격증 실패 경험도 떠올랐고, 무엇보다 필기+실기 시험을 보기 위한 대기시간들이 너무 아까웠기 때문이었습니다.

교육을 듣는 것은 물론 비용 부담은 훨씬 컸지만, 후기들을 보니 실기 준비하려고 연습하는 비용 및 한두 번 떨어졌을 때 생각하면 비용도 큰 차이 없을 수 있다는 얘기가 많았습니다. 시간이 되시는 분들께는 교육과정도 알차니 면제 교육 수강을 추천합니다.

면제 교육 교재

따는 과정이 레저 같은 재밌는 시간

좋았던 점은 놀러만 가던 한강 고수부지에서 이런 수업을 듣는 상황 자체가 신기했습니다. 아침에 한강 라이딩 가듯이 자전거 타고 교육장으로 가서 수업 듣고 보트 타고 하는 그때의 일상이 특별한 경험을 하는 기분으로 다가왔었습니다.

보트 실습할 때는 우리나라에서 가장 비싼 아파트를 남들이 볼 수 없는 뷰에서 바라보는 색다른 경험도 할 수가 있습니다.

또 재밌던 것은 다양한 사람들을 만나는 것이었습니다.

저는 우리나라에 이렇게 보트 소유자가 많은지 몰랐습니다. 실제 자기 보트가 있어서 면허를 따러 오신 분들이 20~30%

반포 원베일리를 한강 위 보트에서 바라본 모습

정도 됐었습니다. 그분들은 평택 전곡항이나 김포 쪽에 있는 배 주차장에 본인 소유 보트를 세워두고 계셨고, 본인 소유지만 그동안은 다른 분이 운전했었는데, 이제 직접 운전하시려고 오신 분들이었습니다.

그 외에는 낚시를 좋아해서 직접 배를 몰려고 하시는 분들, 수상레저를 좋아하셔서 특히 제트스키 타려고 하시는 분들 등 정말 다양한 목적의 분들이 모인 곳이었고, 이런 다양한 사람들과 시간을 보내는 색다른 경험을 할 수 있었습니다.

수업과 실습은 이렇게 진행됩니다

토·일 주말반으로 수강하며 하루 8시간씩 수업이 진행됩니다.

- **오전** : 이론수업
- **오후** : 실기수업

이론수업은 지루할 수도 있지만, 탄탄한 커리큘럼 덕분에 졸릴 정도는 아니었습니다.

무엇보다 제가 간 교육장의 강사진분들이 너무 좋았던 것 같습니다. 과거 군대 시절에 그쪽 경험을 했던 분들도 계셨고, 실제 프로 요트 선수로 전 세계를 누볐던 분도 계셨고, 해양경

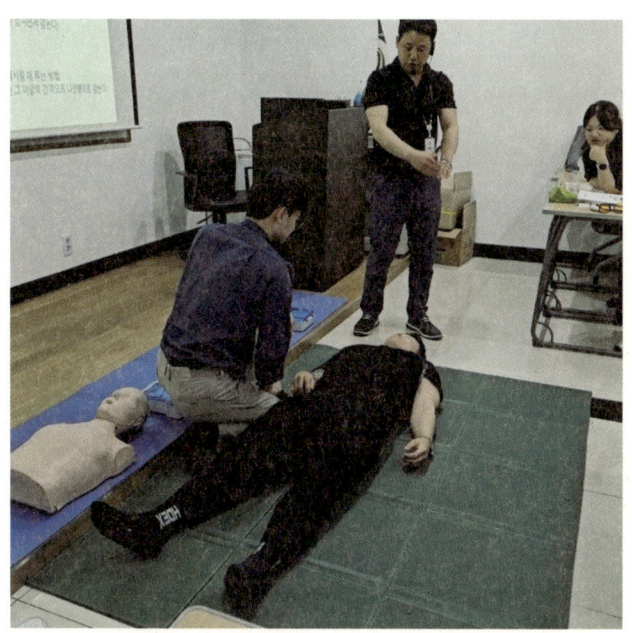

수업 시간에 진행한 인공호흡 실습

찰 근무를 오래 하시다가 은퇴 후 강사를 하시는 분도 계셨습니다.

왠지 물에서 하는 업을 하셨던 분들은 우리가 생각하는 뱃사람 느낌이 나면서 그들 특유의 호연지기가 느껴지는 등 분명 다른 부분이 있는 것 같았습니다.

5일 동안 안전을 최우선으로 말씀하시면서 많은 것을 알려주시려는 부분에서 시험보다 이 교육을 선택한 것이 정말 잘한 것 같다는 생각을 여러 번 했었습니다.

이 자격증의 꽃은 역시 오후 시간에 진행되는 주행 실습입니다. 자동차도 아닌 보트를 서울 한복판 반포에서 직접 몰아 볼 수 있습니다. 아무 규칙 없이 모는 것은 아니고, 실기시험 코스를 반복적으로 연습하게 됩니다.

4인용 보트에 교관님 포함하여 학생 세 명이 타게 되는데, 무게중심을 배분하여 배가 뒤집히는 걸 방지하려는 목적도 있습니다.

보트 탑승 전에는 안전 장비 및 기체 이상 유무를 큰 목소리로 구호를 외치게 되어 있고, 주행 중에 교관님의 지시에 맞춰 행동하는데 이때도 반복 구호를 외치면서 진행하게 됩니다. 드론을 조종할 때도 항시 교관님의 지시에 맞춰 구호를 외치면서 진행했었는데, 항공 및 항해 쪽이 이런 부분이 매우 비슷해 보였습니다.

보트는 자동차처럼 바로바로 반응하지 않습니다. 약 2~3초 정도 늦게 내가 조향 또는 속도 조절한 부분이 반응하게 되는데 이 부분 감을 익히는 것이 매우 중요합니다.

코스 중에 제일 백미는 사행(뱀처럼 움직인다는 뜻) 코스입니다.

물 위에 떠 있는 꼬깔들 사이를 S 자로 최고 속도로 움직여서 통과해야 하는 구간인데, 운전하는 사람은 배가 뒤집힐지 모르는 압박을 느끼며 주행하게 되고, 보트 뒤에서 대기하는 사람도 과연 내 동료인 운전자가 사고 없이 잘 통과할지 쫄깃

사행 주행의 역동적인 모습

한 마음으로 진행합니다.

실제로 단 한 번도 뒤집힌 적이 없다고 하는데도 말입니다. 이건 정말 경험하지 못한 분은 공감 못 할 기분입니다.

이렇게 4일의 연습을 마치면 마지막 5일 차에 최종테스트를 보게 됩니다.

물론, 테스트를 통과해야 합격하고 그런 것은 아니지만, 그래도 상당히 진지한 분위기에서 테스트가 진행됩니다.

나름의 긴장을 가지고 주행이 진행되며, 무난히 합격한 분의 주행 후에는 따뜻한 동료들의 응원과 환호가 함께합니다.

야무진 실행 팁

서울 한복판 의외의 장소에서 짜릿한 경험하며 취득할 수 있는 색다른 자격증입니다.
야외 실습이 많으니, 봄/가을 날씨 좋을 때 취득하시기를 추천합니다.

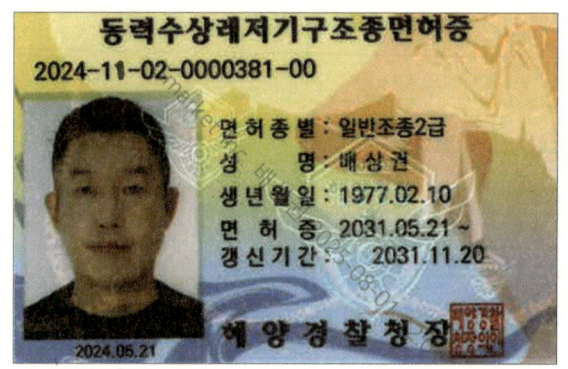

개인정보관리사 CPPG (2024. 12)
- 디지털 시대 필수 역량

개인정보관리사 / CPPG
IT 종사자라면 교양필수 같은 자격증

개요
- 내용: 필기 100 문제 / 60점 이상 합격
- 특징: IT, 보안 전공자용 자격증 / 합격률 33%
- 난이도: ★★★☆☆

준비
전공자 기준 평균 2달

전문교재 기반으로 기출문제 학습 중요

추천
개인정보 전반 지식 쌓길 원하는 분

IT 연계 자격증 원하는 분

꿀팁
시험 문제가 많은 편이니 속독 훈련 필수

ISMS-P 준비 시 연습용으로도 좋음

1) 자격증 개요

- **시험 횟수** : 1년에 3회
- **시험 내용** : 필기시험 100문제 / 60점 이상 합격
- **비용**

  기본 : 130,000원

  단체 : 15인 이상 20% 할인 (추천 / 접수 기간에 오픈카톡방 많이 생김)

  학생 : 50% 할인
- **응시 및 합격률** : 3,500명 / 합격률 33% (24년)

2) 난이도 & 준비기간

- **저자 체감 난이도** : ★★★☆☆
- **준비기간** : 전공자 기준 평균 2달 소요
- **주요 응시자** : IT 계열 종사 및 예정자 중, 개인정보 및 정보보호 관련 관심 있는 분

3) 추천 대상

- IT 기획, 개발자들이 개인정보 전반에 대해 지식 쌓기 좋은 실무 자격증
- ISMS-P 응시 시, 1년의 개인정보보호 경력 인정 가능

4) 경험담

직장에서의 차별성에 대한 갈증

직장생활을 하다 보면 누구나 한 번쯤은 '나만의 색깔'을 고민하게 됩니다.

같은 부서, 같은 프로젝트, 비슷한 연차의 동료들이 옆에 있을 때, 문득 이런 생각이 듭니다.

"나는 과연 어떤 차별성을 가지고 있을까?"

저 역시 조직 안에서 늘 성실히 일했지만, 가끔은 그런 의문이 찾아왔습니다.

업무 능력만으로 평가받기엔 모두가 이미 높은 수준을 가지고 있었고, 남들과 다른 무언가가 있어야 회사 안에서, 더 나아가 업계 안에서 돋보일 수 있다는 걸 체감했습니다.

그래서 이번엔 본업과 연관된 자격증에 도전했는데, 그중에

서도 IT 계열에서 차별성을 부각할 수 있는 특별한 자격증으로 제가 꼽는 게 바로 CPPG(개인정보관리사) 입니다.

왜 하필 CPPG였을까?

많은 분들이 IT 분야에서 새로운 기술이나 프로그래밍 언어, 클라우드, AI 같은 것들을 공부하며 차별성을 만듭니다.

하지만 제가 CPPG를 선택한 이유는 조금 달랐습니다. 최근 IT 업계의 가장 큰 화두가 바로 개인정보였기 때문입니다.

회원가입에서부터 결제, 마케팅, 고객 CS에 이르기까지 개인정보가 얽히지 않은 영역이 없습니다. 그럼에도 불구하고 현업에서는 늘 눈앞의 문제를 급히 해결하는 데만 치중합니다. 저 역시 그랬습니다.

서버에서 로그를 수정하고, 고객 데이터베이스 오류를 잡아내고, 당장 터진 문제를 해결하느라 바빴습니다. 하지만 그렇게 처리한 일들은 제 경력 속에 노하우로 남지 못하고, 늘 흩어져 사라지기만 했습니다.

그러다 CPPG를 준비하면서 생각이 달라졌습니다. 개별적인 이슈를 보던 시선에서 벗어나, 숲을 보는 관점을 가지게 된 것입니다.

개인정보 관리라는 큰 틀 속에서 지금 내가 하는 일이 어떤 의미를 가지는지, 왜 이런 제도가 필요하고 어떤 위험을 막고자 하는 것인지를 이해하니, 같은 업무를 하더라도 결과물의 깊이가 달라졌습니다.

공부 과정에서의 깨달음

CPPG 시험 준비는 결코 쉽지 않았습니다.

IT 실무 경험만 믿고 덤볐다가는 낯선 용어와 제도의 벽에 가로막히기 십상이었습니다.

실제로 공부를 시작했을 때, 법령과 기준, 보호 원칙들을 체계적으로 이해하는 게 쉽지 않았습니다.

그러나 이 과정을 통해 현업에서 겪던 문제들이 제도와 원칙 속에서 하나하나 자리를 찾는 경험을 할 수 있었습니다.

예전에는 단순히 장애를 막기 위해 고쳤던 설정값이, 알고 보니 개인정보 보호법에서 규정한 최소 수집 원칙에 부합하는 행동이었음을 알게 되는 순간들이 있었습니다.

이런 연결 경험이 저를 더 몰입하게 했습니다.

저는 자격증 공부를 하며 처음으로 일상의 반복된 경험이 체계 속에 정리되는 기분을 느꼈습니다. 반복되는 회사 생활에서는 잘 느낄 수 없었던, 회사에서의 지식이 내 것으로 오롯이 소화되는 묘한 기분을 느꼈고, 한층 전문가로서 내실을 다지며 성장하는 기분을 느낄 수 있었습니다.

ISMS-P 심사원으로 가는 길

CPPG의 가치는 여기서 그치지 않습니다.

더 큰 의미는 ISMS-P(정보보호 및 개인정보보호 관리 체계) 심사원으로 가는 길을 열어준다는 점입니다.

ISMS-P는 국가가 운영하는 제도로, 연 매출 100억 원 이상의 IT 기업은 반드시 이 인증을 받아야 합니다.

개인정보와 보안 시스템을 국가 기준에 맞춰 점검받는 것이죠. 그렇기에 이를 심사할 전문 인력이 필요하고, 바로 이 심사원이 되면 법적으로 보수와 근무가 보장됩니다.

특히 선임심사원의 하루 일당이 35만 원으로, 법적으로 규정되어 있다는 사실은 많은 IT 종사자들에게 큰 매력으로 다가옵니다.

IT 분야에서 법적 근거를 가진 일거리가 있다는 건 매우 드문 일이기 때문입니다. 실제로 노후에도 꾸준히 수요가 유지될 수 있는 전문 자격 중 하나로 꼽힙니다.

하지만 아무나 될 수는 없습니다. '관련 경력 최소 6년, 높은 난도의 시험 통과' 이 두 가지가 필수입니다.

여기서 CPPG의 역할이 드러납니다. CPPG 자격증은 ISMS-P 심사원 경력 요건을 1년 단축해 줍니다. 그래서 응시료가 비싸고 과정이 까다로워도 많은 분이 CPPG에 도전하는 이유가 바로 여기에 있습니다. CPPG는 단순한 자격증이 아니라, ISMS-P라는 법적 가치가 있는 자격으로 가는 디딤돌이기 때문입니다.

여기서 제가 꼭 전하고 싶은 말이 있습니다. 바로, 자격증은 만능이 아니라는 것입니다. 어떤 자격증을 따더라도, 그것만으로 제2의 인생이 자동으로 열리지는 않습니다.

공인중개사를 취득했다고 해서 곧바로 안정적인 개업이 보장되지 않듯, 주택관리사 자격증을 땄다고 해서 바로 취업이 되는 것도 아닙니다. 치열한 영업·마케팅, 치열한 경쟁 속에서 결국 자신을 증명해야 합니다.

다만, 모든 자격증이 같은 것은 아닙니다. 법적으로 가치를 보장하는 자격증이 있습니다. 반드시 자격자를 채용해야 하는 의무가 있거나, 자격자에게 정해진 보수를 지급해야 하는 경우입니다. 그런 자격증은 그 자체로 확실한 무기가 됩니다.

IT 업계에서 ISMS-P 심사원이 바로 그런 자격입니다. 그리고 CPPG는 그 길을 준비하는 가장 실질적인 선택입니다.

업무와 자격증이 결합할 때의 시너지

저는 CPPG를 취득하면서 단순히 자격증 한 줄을 얻은 것이 아닙니다.

그 과정에서 내 커리어와 IT 업계의 흐름을 새롭게 바라보는 눈을 얻게 되었습니다.

예전에는 단순히 문제를 해결하는 사람이었다면, 이제는 문제를 구조적으로 이해하고 제안할 수 있는 사람이 되었다는 자부심이 생겼습니다.

같은 일을 해도 시각이 달라지니 동료들에게도 신뢰를 얻을 수 있었고, 저 스스로도 '나는 이 분야의 전문가다'라는 자신감을 가질 수 있었습니다.

야무진 실행 팁

개인정보는 IT 계열뿐 아니라 이제 일상생활에서도 소중한 영역으로 점점 그 영향력이 넓어지고 있습니다.
IT 계열 분들에게 한정된 자격증이지만, 현업에서의 전문성을 높이고 싶으시면 CPPG 도전을 추천합니다.

Part 3

야무지게 실행하고 깊게 깨닫다

직장인
자격증 공부법

이 책을 읽고 당신의 피가 끓는다면?
좀 더 빨리 갈 수 있는 지름길을 알려 드리고자 합니다.

도전 분야의 선택이 중요하다

직장 생활과 병행하며 자격증에 도전하려면 효율적인 방법으로 접근해야 합니다.

첫 번째 단계는 바로 무엇에 도전할 것인지 결정하는 것입니다.

저는 다음 3가지 순서로 접근하기를 권합니다.

① 본업과 연계된 것 우선 고려

여러 분야의 자격증을 두루 섭렵해 보니, 본업과 연계된 것을 할 때 성공률이 높고 활용 가치도 높다는 결론입니다.

저는 성공한 케이스여서 본업과 전혀 다른 분야의 자격증을 취득했지만, 돌이켜보면 그 과정이 만만치는 않았습니다. 다행히 기러기라는 특수 상황에 있었기에 극복할 수 있었지, 시간도 많이 투자했고 그 분야에 적응하는 것이 쉬운 일은 아니었습니다.

반대로, 제일 최근에 진행한 제 본업과 연관성 높은 CPPG(개인정보관리사)는 3주 공부하고 취득했을 정도로 수월히 진행했는데, 이는 본업과의 연관성 덕분이었습니다.

어떤 것이든 제일 처음에 어색한 것이 용어 부분인데, 확실히 그 부분부터 이득이 많았습니다.

만약에 제 자격증 포트폴리오의 시작이 CPPG였다면, 이후 제 자격증 포트폴리오도 상당히 많이 바뀌었을지도 모르기에, 처음 도전하실 분은 좀 더 효율적으로 접근하기 위해, 본업 연관 자격증을 먼저 찾아보고 도전하시길 바랍니다.

② 본인의 성향을 잘 살펴볼 것

직장 생활을 병행하며 시간을 투자한다는 것이 쉬운 일은 아닙니다. 특히, 오랜만에 무언가를 공부한다는 것 자체도 쉽지가 않습니다.

분명히 여러 시간을 투자해야 할 텐데, 여기서 중요한 것은

'재미'입니다. 재미가 없으면, 절대 길게 투자하지 못합니다.

원래, 부동산에 관심이 있었기에 저는 자격증의 출발을 공인중개사로 했고 이후 연계 자격증을 할 수 있었습니다.

그리고 제 공대 출신 성향과 맞는 드론, 중장비와 운동 취미였던 골프 자격증들로 확장하며 제 성향에 맞는 자격증들을 선택했기 때문에, 이 긴 여정을 재밌게 해올 수 있었습니다.

남들이 얘기하는 유망한 자격증이란 말은 듣지 말고, 꼭 본인의 성향부터 정확하게 파악하고 선택하시길 바랍니다.

③ 도전 목적을 명확히 – 성취? 가치?

힘들게 직장생활하며 시간을 투자하는 만큼 목적을 명확히 해야 합니다.

저는 가치로 시작해서 성취로 포트폴리오가 짜인 케이스입니다. 다만, 이것도 사전에 제가 계획한 것이 아니고 지금에 와서야 제가 해석한 것에 불과합니다.

제가 다시 시작 시점으로 돌아가면, 가치와 성취 중에 고민을 한 번 더 해봤을 것 같습니다.

경험을 해보니, '가치'를 중요시 여긴다면 난이도와 시간 투자에 대한 부분을 미리 각오해야 합니다. '성취'를 중요시 여긴다면 오히려 좀 더 쉽게 선택할 수는 있지만, 이걸 도전하는 본인만의 합리화를 잘해야 합니다.

이렇게 3가지 선택 조건을 잘 생각해서 어떤 도전에 몰입할지부터 잘 결정하시길 바랍니다.

국가공인자격증을 도전해야 한다

분야를 선택했다면 구체적인 자격증 목록을 잘 선정해야 하고 이때 최우선으로 고려해야 할 것은 그 자격증이 국가 공인인지 민간 자격증인지가 중요합니다.

직장 생활을 하면서 가치든 성취든 어떤 목적을 가지고 시간을 투자한다면, 취득 후 실제로 활용 가능성을 고려할 때 국가공인자격증이 훨씬 더 인정받기 쉽습니다.

자격증은 특정 분야의 전문성을 보여주는 상징인데, 국가공인자격증일 경우 그 상징성이 공식적·대표성을 띠는 것은 어쩌면 당연합니다.

자격증에 조금이라도 관심을 가지다 보면, 대한민국에 무수히 많은 민간 자격증이 있다는 것을 알게 되는 데, 아쉽지만 그 자격증들은 특정 분야의 특정 협회에서 돈벌이 목적으로 진행하는 것이 많습니다.

소중한 내 시간을 투자하는 만큼 돈벌이 목적의 자격증보다 미래 가치를 조금이라도 보장해 주는 국가공인자격증을 우선적으로 선택하셔야 합니다.

대한민국에서는 한국산업인력공단에서 시행 대행을 대부분

하고 있어, '큐넷'이라는 자격증 접수, 운영 사이트에 가면 국가공인자격증의 목록, 정보, 기출문제 등이 아주 상세하게 잘 나와 있습니다.

저는 자격증 여정 중반부쯤에는 내년도 도전할 자격증 포트폴리오를 위해 큐넷에 소개된 자격증들을 살펴보면서 장기적인 계획을 수립했었습니다.

큐넷에는 국가전문자격, 국가기술자격 중 등급별의 분류가 매우 잘되어 있고, 대부분 자격증 시험의 시행일이 연간 비슷한 시기에 진행되기 때문에 계획을 세우기가 아주 좋습니다.

어떤 자격증에 도전해야 할지 모를 때는 꼭 큐넷 사이트에서 정보를 얻어 선택하시기를 추천합니다.

결국은 맥락 이해와 문제풀이 능력을 키워야 한다

학창 시절에 이런 얘기를 하는 친구들이 많았습니다.
"어제 새벽 2시까지 공부해서 피곤해."
"나는 교과서 3번 읽었어."
그런데, 이상하게 그 친구들 성적은 안 좋더라고요.

시험을 잘 보려면 문제 출제자의 의도와 맥락을 파악해서 문제풀이 능력을 키우는 것이 핵심입니다. 학생 때는 몰랐던 그 의미를 40대에 들어서야 자격증 공부를 하며 깨달았습니다.

맥락 이해에 대해서 제 지인이 이런 말을 한 적이 있습니다.

"회사에서 어떤 보고를 받을 때 어떤 사람은 오타를 보고 어떤 사람은 폰트를 보고 어떤 사람은 숫자를 봅니다. 또 어떤 사람은 장표의 취지나 맥락을 보죠. 올바른 의사결정을 위해 어떤 것에 집중하는 것이 좋을까 판단해 보세요."

직장생활하며 자격증을 병행하려면, 효율적으로 접근해야 합니다. 모르는 내용 보다 보면 답답하고 본질을 알고 싶을 텐데, 그렇게 하면 너무 돌아가게 되고 시간만 흘러갈 뿐입니다.

맥락 이해를 위한 가장 좋은 방법은 목차를 암기하는 것입니다. 전혀 모르는 분야에 도전할 때는 큰 그림이 안보이고, 낯선 용어에 당황하기 마련인데, 교재의 목차야말로 앞으로 내가 무엇들을 파악하게 될지 숲을 보여주는 나침반 역할을 하게 됩니다.

공인중개사를 마치고 숲을 보는 중요성을 깨달아, 주택관리사 때부터는 무작정 인강을 본 게 아니라, 과목별 목차를 외우기 시작했습니다. 그랬더니, 나중에 모의고사 문제를 풀 때, 이 문제가 어느 챕터 어디 부분과 연관된 것인지 머릿속에 가상의 좌표가 설정되면서, 그 영역에서 공부했던 것들이 어렴풋하게 떠올랐습니다.

객관식은 주관식과 달리 작은 단서로 지문을 판단할 경우가 많기 때문에, 저 정도의 기억만으로도 충분히 답을 찾아가는 데 도움이 됩니다. 효율적으로 공부하기 위해서 맥락을 파악하는 습관을 꼭 가지시길 바라고, 이 훈련을 마치면 이제 본격적인 문제풀이 능력을 키워야 합니다.

  우리가 도전하려는 모든 자격증은 현장형 빼고는 100% 객관식 or 주관식 문제풀이 관문을 통과해야 하는 것입니다. 그러려면, 내가 아무리 모르는 분야라 하더라도 누가 빨리 문제에 익숙해지느냐가 합격의 지름길이라 생각합니다.

  그래서, 저는 항상 도전할 때 노베이스로 기출문제 3회분을 풀어보았습니다.

  아무것도 모르는 상태에서 제가 할 수 있는 분야인지 어느 만큼 투자하면 합격할 수 있을지를 미리 가늠해 보았습니다. 그리고, 어느 정도 공부한 후에 최근 10년 치의 기출문제를 최소 3회 독 하며, 문제와 지문을 거의 암기했습니다.

  아무리 새로운 유형이 나와도, 약간의 말 바꿈이지 큰 틀은 벗어날 수 없기 때문입니다.

  직장 생활을 하며 도전하기 위해서는 무엇보다 효율적으로 접근해야 하기 때문에, 100점 맞기 위한 공부 말고 커트라인 60점을 목표로 꼭 문제풀이 중심으로 접근하시길 바랍니다.

7년, 12개의
자격증 여정 후의 깨달음

다양한 분야의 12개의 자격증을 쉼 없이 취득했습니다.

6년의 기러기 생활을 허투루 쓰지 않고, 무언가를 남기면서 의미 있게 시간을 보냈다는 뿌듯함이 있습니다.

그런데, 그것뿐일까요?

좀 더 들어가서 지난 여정이 제게 남겨준 깨달음들을 끄적여 봅니다.

한층 더 단단해진 나 자신

무엇보다 제 내면이 크게 성장했습니다.

여정의 후반부쯤에, 회사 선후배들과의 술자리였습니다. 임원급의 선배님께서 나이가 40대들인 술자리 멤버들에게 앞으로 인생을 어떻게 살아갈 것인지, 커리어는 어떻게 발전시킬 것인지를 물어가며 여러 가지 조언을 해주셨습니다.

제 순서가 돌아와 그동안의 자격증 여정도 얘기해 드리며, 앞으로 인생을 보내려는 제 생각을 말씀드렸는데, 가벼운 미소와 함께 제게 그러시더군요.

"많이 단단해진 것 같은데?"

그날 이후에 계속 그 말이 맴돌았습니다. 그리고 곱씹었죠, 내가 정말 그렇게 보이나? 왜 그렇게 보이지? 무엇이 그렇게 만든 거지?

여정을 달려올 때는 몰랐는데, 지난 여정을 돌아보니 자연스럽게 3가지의 변화가 반복되었던 것 같습니다. 그리고, 그것들이 한층 저를 단단한 사람으로 만들었다고 확신합니다.

- 실행력
- 자기효능감
- 자존감

자격증 여정 내내, 생각에 머무르지 않고 맹목적으로 실행했습니다.

전업으로도 1년 만에 따기는 어렵다는 공인중개사, 주택관리사에 퇴근 후 평일 3~4시간, 주말 8시간 넘게 8개월을 엉덩이 힘을 가지고 집중했습니다.

드론 교관 따기 위한 80시간의 비행 기록을 쌓기 위해, 매 주말 새벽 6시 연습하러 가는 것을 5개월 넘게 실행했습니다.

반복되는 실행이 저도 모르게 뭐든 할 수 있다는 자신에 대한 믿음, 자기효능감을 키워 줬습니다. 이 자기효능감은 본업인 회사에서의 성과에서 빛을 내고 있습니다.

킥오프 하고 3개월 후 론칭해야 하는 프로젝트 리드를 맡았습니다.

통상, 저희 업계에서는 큰 프로젝트의 경우 6개월 정도의 시간 소요가 일반적인데 매우 터프한 미션이었던 것이죠.

또한, 경영진의 화려한 기대치와 맞지 않게, 열악한 인력 환경과 정리되지 않은 요구사항으로 프로젝트 시작이 엉망인 상황이었습니다.

그런데, 이상하게 위축되지 않더라고요. 과거 같았으면, 왜 안되는지 뭐가 부족한지를 설명하는데 시간을 많이 썼었는데, 이때는 함께 할 동료들과 어떻게 하면 할 수 있는지를 고민했습니다. 어느 순간 높아진 자기효능감 때문이었다고 생각합니다.

그렇게 나에 대한 믿음으로 실행하다 보니, 제 자존감이 올라갔습니다. 내가 누군가에게 또는 어디에선가 쓸모 있는 사람일 것 같은 생각도 들고, 누구나 겪는 40대 중후반의 미래에 대한 불안감 따위는 떠오르지도 않았습니다.

짧지 않은 7년의 시간 동안 내 시간을 의미 있게 쓰는 법을 연습한 것과 제가 이룬 성과에 대한 존중 때문인지, 앞으로의 제 모습도 저 스스로는 무척 기대됩니다.

이런 생각들이 자연스레 제 말과 행동에 녹아져 있어서였는지, 그날 그 술자리에서 선배님에게 '단단한' 사람으로 보이지 않았나 싶습니다.

지난 7년은 자격증 외에도 저라는 사람을 성장시킨 소중한 시간이었습니다.

자격증 여정이 본업에 끼친 영향

직장생활하며 전혀 다른 분야의 자격증을 따온 모습만 본다면, 회사에 집중하지 않고 다른 생각한 것처럼 보이기 딱 좋은데, 저는 오히려 반대의 얘기를 드리고 싶습니다.

제가 연말이면 보는 콘텐츠가 있습니다. 메가스터디 손주은 회장님이 과거 강사 시절에 학원 학생들에게 1시간 넘게 자극을 줬던 영상입니다.

제가 이 영상을 좋아하는 이유는 엄청난 동기부여를 받기 때문입니다.

영상에는 욕도 나오고 분필도 던져지지만, 그 부분보다 더 중요한 것은 하나라도 배우러 온 학생들에게 손 회장님이 "공부를 잘하는 것은 유전자가 95%"라고 얘기하며, 공부 유전자가 없는 사람이 성공하려면 정말 피나는 노력을 해야 한다는 진심 어린 조언을 합니다.

원래도 손주은 회장님의 그런 철학을 좋아했는데 어느 예능에 출연해 손 회장님이 본인이 사는 이유를 얘기했을 때 큰 공감을 느꼈습니다.

"몰입의 평화와 성취감."

한창 자격증 여정 중에 있을 때 들었던 말인데, 머리를 한 대 맞은 것 같았습니다.

그 당시 제가 막 느끼던 어떤 감정을 한 문장으로 표현해 줬기 때문이죠. 특히, '몰입의 평화'란 부분이 그랬습니다.

직장 생활에서 가장 중요한 것이 무엇이냐 물으면, 저는 잘 쉬는 것이라고 생각합니다.

나만 잘 한다고 해서 무조건 좋은 결과가 나오는 것도 아니고, 워낙 다양한 변수가 많은 것이 현실 직장 생활이기 때문에, 이것들을 잘 컨트롤할 수 있는 본인 내면 관리가 중요합니다.

쉽게 얘기하면 스트레스 관리입니다. 그게 잘돼야 본업에서 능률도 당연히 올라가기 때문입니다. 원래도 저는 긍정적인 편이어서 크게 스트레스를 받는 편은 아니었지만, 자격증 여정을 거치면서는 또 다른 스트레스 관리 방법을 알게 되었습니다.

자격증을 딴다는 것은 무언가를 공부하고 시간 투자를 하는 것인데 그게 왜 스트레스 관리가 되느냐 반문하실 수도 있는데, 스트레스 해소의 핵심 단어가 어쩌면 '몰입'이지 않나 싶습니다. 스트레스 받은 무언가를 잠시 잊기 위해 다른 것에 눈을 돌리는 것이 스트레스 해소의 본질 같고, 저는 자격증에 몰입하는 그 행위로 표출을 한 것입니다.

내 시간의 대부분을 보내는 회사에서 벗어나 다른 세상을 만나고 그 세상을 알아가기 위해 몰입하는 그 행위 자체가 잠시나마 회사에서의 걱정을 잊게 해주는 동인(動因)이 되었습니다.

제 뇌를 다른 쪽 분야의 생각으로 활용한 것이, 본업에서의 걱정을 잊게 해주면서 저를 리프레시 되도록 한 것이죠.

본업이란 것은 어느 분야든 마라톤처럼 여러분 인생의 긴 여정을 함께해 나가는 것입니다. 본업 외에 무언가에 몰입하는 부분이 있어야 그 마라톤을 지치지 않고 완주할 수 있을 것입니다.

그 몰입의 방법은 여러 가지가 있을 수 있는데, 저는 그 몰입을 자격증을 통해 한 것이었고, 그 덕분에 지난 7년에 본업 생활도 만족스럽게 보내왔다고 생각합니다.

실용적인 배움의 시간

자연스러운 선택들로 자격증 여정을 거쳐 왔지만, 취미의 연장선이었거나 중장비 같은 특수분야 자격증 외에 공인중개사, 주택관리사, 세무사를 공부할 때 들었던 생각이 있었습니다.

'공부하다 보니 살아가면서 누구에게나 필요한 정보들인데, 왜 난 학창 시절에 이걸 배운 기억이 없지?'

대한민국에 살면 인생에 있어서 누구나 어떤 형태로든 부동산 거래를 하게 되고, 다수는 아파트라는 형태의 주거환경에서 생활하며, 매년 한두 번씩 세금에 관해 고민하게 됩니다. 그때마다 매번 인터넷을 검색하고, 모르는 게 죄라고 뭔가 손해 보는 맘을 안고 살지 않았나 싶습니다.

대학원까지 나온 저마저도 부동산 중개수수료가 어떻게 책정되는지도 몰랐고, 회사에서 받은 주식 세금 신고를 왜 해야 하는지, 어떻게 해야 하는지를 몰라서 당황했던 기억이 많습니다.

자격증 공부를 한 이후에는 실용적인 실생활의 지식을 깊이 있게 이해하게 돼서, 자격증 취득 외에 제 실생활에 직접적으로 도움되는 일들이 많았습니다.

자녀의 조기유학이 마무리돼 가고 호주에서 학업을 이어가는 것으로 진로를 결정하면서, 저는 와이프와 둘이 생활할 세팅을 했습니다. 둘이 살기 때문에 좀 더 작은 집으로 이사하는 결정을 한 것입니다.

오랜만에 부동산 거래를 하게 됐는데, 제가 공인중개사 자격증 보유자라는 걸 밝힌 것만으로도 거래하는 부동산 담당자분과의 대화가 잘 풀렸고, 계약서 쓰는 법도 자격증 공부할 때 배웠던지라 어떤 부분을 주의해야 하는지에 대해 꼼꼼히 검토할 수 있었습니다.

무엇보다 부동산 거래하며 무수히 나오는 수수료, 세금에 대해서도 특별히 찾아보지 않아도 전체적인 구조를 공부하면서 알고 있었기에 제가 뭘 준비 또는 고려해야 하는지에 대해서 사전에 대비할 수 있었습니다.

도전할 때는 자격증 취득만이 목적이었지만, 시간 지나니 그때 습득한 지식들이 제 삶에도 큰 도움이 되는 실용적인 배움이었음을 깨달았고, 그때의 도전이 새삼 소중했음을 느낀 순간이었습니다.

진짜 돈 버는 사람

앞서 잠깐 언급한 적이 있지만, 자격증은 만병통치약이 아닙니다.

자격증은 어떤 분야에 도전할 출발선에 설 수 있는 자격을 주는 것일 뿐 그 분야에서 또다시 치열한 경쟁을 해야 합니다.

그런데 정말 똑똑한 사람은 다른 길을 개척하는 걸 보았습니다. 도박장에 가면 결국 돈 버는 사람은 도박장 사장님이란 얘기가 있죠? 제가 볼 땐 자격증 업계에서 결국 돈 버는 것은 학원 같습니다.

구조 자체가 그럴 수밖에 없긴 합니다. 학원들은 마케팅을 위해서 합격하면 학원비를 돌려주겠다는 솔깃한 홍보를 하는데, 그렇게 해도 어차피 수강생 수가 압도적으로 많고 이윤이 남기 때문에 하는 것입니다.

제 지인 중에 자격증으로 돈 번 분은 이렇게 돈을 벌고 있었습니다.

업계에 많이 알려지지 않은 자격증이었습니다. 우연한 기회에 그 자격증을 접하고, 교재도 없어서 나름의 정리법으로 공부해서 자격증을 취득하셨습니다.

그때, 그분은 이 자격증으로 어떻게 그 분야에서 활약해 볼까로 생각하지 않고 준비생 입장에서 '내가 이렇게 어려웠는데 다른 사람도 그렇지 않겠냐, 차라리 내가 이걸 가르쳐 보면 좋겠다'라며, 자신이 직접 클래스를 개설합니다.

거창한 회사를 차린 것도 아닙니다. 네이버에 카페를 열었고, 교재와 모의 예상 문제를 만들어 유튜브에 회원전용 콘텐츠로 강의를 개설했고, Q&A는 구글 툴과 카톡 단체방을 활용해서 진행했습니다. 또 매해 그 시험을 직접 치르면서 기출문제 은행을 차곡차곡 쌓아 갔죠. 그리고 3~4년이 지나니 어느새 그 자격증에 독보적인 클래스로 자리 잡고, 회사 다니면서도 부수입으로 몇억 대의 수익을 올리는 위치에 이르렀습니다.

어떤 분야든 성공하기 위해서는 남들과 다른 방법으로 접근해야 함을 깨닫게 해준 사례였습니다.

40대를 뜻깊게 보냈다는 뿌듯함

7년 여정의 시작에 제 나이는 만 40세였습니다.

그 당시 제게는 사춘기도 아닌 사십춘기가 찾아왔습니다. 나이 앞에 붙은 '4'라는 숫자가 주는 무게감이 의외로 컸습니다. 빠르게 변하는 IT 업계에 종사하고 있었기에, 과연 언제까지 제가 역할을 할 수 있을지, 남은 인생을 어떻게 살아가야 할지 고민이 깊던 시기였습니다.

돌이켜보면 저는 10대, 20대 시절을 다소 허무하게 보냈던 것 같습니다. 좋은 부모님 밑에서 부족함 없이 지냈고, 무언가에 몰입하지 않았으며, 취업도 비교적 수월했던 시기라 치열함이 부족했습니다.

30대는 본업에서 전문가가 되기 위해 분주했던 시기였습니다. 그 과정에서 의미 있는 사람들을 만나며 인간관계의 가치도 배웠습니다. 그러나 인생 전체를 좌우할 정체성을 확립하는 데에는 다소 부족함이 있었습니다.

그리고 지금, 저는 48세가 되었습니다. 딸과의 공감대를 형성하고 싶다는 단순한 이유로 시작했던 자격증 여정이, 저의 40대에 큰 전환점이 되었습니다.

자격증은 단순한 종이 한 장이 아니었습니다.

스스로 인생을 더 주도적으로 이끌 수 있는 힘을 길러주었고, 작은 성취가 쌓이며 제 자존감이 견고해지는 경험을 선물했습니다.

앞으로 어떤 삶이 펼쳐질지 알 수 없지만, 인생의 마지막 순간에 가장 치열했던 시기가 언제인지 묻는다면, 저는 주저 없이 자격증 여정을 보냈던 40대의 7년이라고 말할 것입니다. 그래서 저처럼 의미 있는 40대를 보내고 싶은 분들께 이 말씀을 드리고 싶습니다.

> ☞ 호기심이 생기면 주저하지 말고 작은 실행부터 해보세요.
> ☞ 실패해도 괜찮습니다. 실행한 순간, 이미 성장한 사람입니다.
> ☞ 작은 성취를 돌아보며 스스로 칭찬하세요.
>   그것이 자존감을 세우는 가장 확실한 방법입니다.

저는 그렇게 제 삶을 바꿨습니다.

이제, 여러분의 차례입니다.

책을 쓰는 내내 어떤 이야기를 통해 읽는 분께 실질적인 도움이 될 수 있을까 고민을 많이 했습니다.

제가 정리한 시험 정보만 놓고 보면, AI 시대에 검색만 조금 해도 충분히 찾아볼 수 있는 내용일 수도 있습니다.

제가 이 책을 쓴 의도는, 여러분이 어디로 가야 할지 모르겠을 때 여러분의 여정에 작은 나침반이 되어 드리고자 했기 때문입니다.

기사로 검색해도 잘 보이지 않는 자격증의 존재를 알리고, 그에 맞춰 제가 직접 경험하며 겪었던 시행착오와 배움을 가장 현실적인 언어로 담아내고자 했습니다.

분명 제가 도전한 자격증 리스트 자체만으로도 누군가에게는 '유레카' 같은 정보가 될 것이라 생각했습니다.

그리고 작년의 경험이 이 책에 더 큰 의미를 주었습니다.

작년 10월, 여러 이유로 저희 회사가 창사 이래 처음으로 희망퇴직을 진행했습니다.

마음 아프게도 많은 동료를 떠나 보냈지만, 새로운 인생을 준비해야 하는 동료들이 저를 많이 찾아왔습니다.

제가 취득한 자격증에 대해 묻고, 어떤 자격증이 향후 가치를 가질지 조언을 구했습니다.

그 순간 깨달았습니다. 누군가는 지금 방향을 잃고 있고, 누군가는 새로운 길을 찾고 있으며, 그 여정에 누군가의 경험이 필요하다는 것.

그 순간부터 자연스럽게 이런 생각이 들었습니다.

'지금 내가 쌓아 온 경험을 정리해 두어야 하는 때가 왔구나.'

필력이 부족한 글이지만, 이 책의 어느 한 줄이 누군가에게 인생의 전환점이 되기를 진심으로 바랍니다.

여러분,

도전은 끝이 아니라 또 다른 시작입니다.

망설임은 정체고, 행동은 변화입니다.

완벽한 준비를 기다리지 말고, 먼저 움직이십시오.

맹목적이라도 좋습니다. 실행하고 또 실행하십시오.

그 과정에서 분명 본인만의 길을 찾게 될 것입니다.

하루 2시간의 기적
- 5년 내 정보관리기술사 합격 선언문

배상권 저자

나는 지금 '지속가능한 자기성장'이라는 인생의 두 번째 목표 앞에 서 있다.

직장 생활 23년, 개발자에서 IT 서비스기획 리더로 달려오며 수많은 프로젝트와 변화를 경험했다.

그 과정에서 나는 확신하게 되었다.

"꾸준함은 모든 전문성을 이기고, 하루 2시간은 인생을 바꾸는 최소 단위다."

정보관리기술사라는 새로운 도전은 내게 단순한 자격 취득이 아니다.

내 커리어의 집대성이자, 세상을 향해 빛과 소금이 되는 길을 걷고자 하는 나의 의지 그 자체다.

| 하루 2시간의 힘 |

나는 직장인이다.

가족도 있고, 책임도 많고, 회사의 업무는 언제나 변동성이 있다.

그래서 나는 크게 욕심내지 않았다.

대신 매일 2시간이라는 현실적인 구간을 정했다.

출근 전 1시간,

퇴근 후 1시간,

그리고 잠들기 전 마무리 복습.

하루가 무너질 정도로 부담되지 않지만,

매일 쌓이면 엄청난 양이 되는 시간이다.

2시간 × 365일 × 5년 = 3,650시간.

기술사 합격에 필요한 평균 학습량은 약 3,000시간.

즉, '하루 2시간'이면 충분히 현실적으로 도달 가능한 목표다.

7년간의 여정을 통해 배운 것처럼,

익숙함을 버리고 새로운 분야의 공부를 할 때 가장 중요한 것은

'시간을 확보하는 방식'이다.

나는 이미 답을 찾았다.

하루 2시간, 꾸준함, 그리고 절대 멈추지 않는 루틴.

| 회사 업무와 자기계발은 충돌하지 않는다 |

나는 생계를 책임지는 직장인이기에

공부가 회사 업무에 지장을 줘서는 안 된다는 점을 누구보다 잘 안다.

그래서 나의 방식은 '침범하지 않는 자기계발' 이다.

- 업무 시간에는 1분도 흔들리지 않기
- 야근과 프로젝트 기간에는 공부 시간을 유연하게 조절하기
- 공부는 일과 삶의 틈새시간에서만 하기
- 회사의 성장과 개인의 성장을 대립시키지 않기

나는 직장에서 성실함과 전문성을 쌓으며,

동시에 나만의 미래 역량을 오래도록 준비하고자 한다.

회사와 공부 두 가지를 모두 포기하지 않는 것은

당연히 어렵다.

하지만 두 가지 모두를 놓치지 않고 꾸준히 가는 것이

내 인생의 가장 강력한 경쟁력이 될 것이다.

| 정보관리기술사, 왜 5년인가 |

많은 이들이 묻는다.

"지금 기술사를 준비하는 것이 과연 현실적인가?"

나는 오히려 이렇게 반문하고 싶다.

"지금 시작하지 않으면 5년 후에도 같은 질문을 할 것인가?"

정보관리기술사는 IT 분야에 대한 내 전문성을 증명할 끝판왕이다.

지금부터 5년,

내가 매일 2시간씩 꾸준히 쌓아가는 시간이

50대 후반 이후의 새로운 직업 인생을 여는 기반이 될 것이다.

퇴직 후의 공백을 두려워하지 않기 위해,

그리고 또 한 번 사회에 기여하고 싶기 때문에

나는 정보관리기술사를 선택했다.

| 나의 다짐 - 5년 뒤의 나에게 |

나는 스스로에게 약속한다.

✔ 하루 2시간 이상은 어떤 상황에서도 지킨다

✓ 회사 업무에 영향을 주지 않는다

✓ 배우는 과정 그 자체를 즐긴다

✓ 5년 안에 반드시 합격한다

✓ 그리고 그 지식을 세상의 '빛'이 되게 한다

나는 알고 있다.
꾸준함은 언제나 인생을 바꾸는 가장 강력한 무기였다는 것을.
이제 그 무기를 제대로 사용할 때가 왔다.

| 마지막 선언 |

나는 오늘,
나의 인생 연장전의 첫 페이지를 연다.
하루 2시간의 작은 실천이
5년 후 '정보관리기술사 배상권'이라는 새로운 이름을 만들어낼 것이다.

이 도전은 결코 늦은 시작이 아니다.
오히려 가장 적절한 시기이며,
가장 큰 의미를 가진 선택이다.

나는 해낼 것이다.
그리고 그 결과를 세상을 밝히는 데 쓰겠다.

출간후기

도서출판 행복에너지 대표 **권선복**

　사람의 인생을 바꾸는 힘은 어디에서 비롯될까? 나는 수십 년간 수많은 저자들을 만나면서 한 가지 진실을 보아 왔다. "한 사람의 진심 어린 도전은 결국 삶을 다시 세우고, 또 다른 누군가의 인생까지 바꾼다."
　『야무진 자격증 챌린지』 원고를 처음 읽었을 때, 나는 그 오래된 진실이 다시금 살아나는 것을 느꼈다. 이 책은 저자 배상권 님이 40대 초반 인생의 방향을 다시 잡기 위해 시작한 도전, 그리고 무엇보다 딸과의 관계 회복을 위해 택한 '작은 첫걸음'이 어떻게 7년의 기적이 되었는지 보여주는 한 인간의 재도약 스토리다.

딸과 함께 시작한 '야무진 첫걸음'

　책 속에는 거울 앞에서 문득 멈춰 서던 저자의 고백이 나온다. 안정된 직장과 경력을 갖고 있었지만 마음 한켠에는 텅 빈 바람이 불고 있었다. "같이 한국사능력검정시험 준비해 볼까?" 이 한 문장이 저자의 인생 40대를 완전히 뒤바꿔 놓았다.
　부녀가 함께 한 첫 공부는 어느새 잊고 지냈던 아빠의 자존감을 회복하는 여정, 그리고 가족을 다시 하나로 이어주는 따뜻한 시간이 되었다.
　나는 이 장면에서 깊은 울림을 받았다. 부모의 성장은 결국 자녀에게 가장 강력한 메시지가 된다.

7년 만에 12개 자격증 - 성실함이 만든 기적

많은 이가 자격증 하나를 따기 위해 해를 넘기지만, 저자는 직장을 다니며 무려 12개 자격증을 야무지게 취득했다.

한국사능력검정시험에서 시작해 공인중개사, 주택관리사처럼 난도 높은 자격증을 연달아 합격하고, 소방안전관리자, 지게차·굴착기 기능사, 드론·보트면허까지 공부 영역을 넓히며 삶 전체를 다시 세웠다.

이는 '스펙 쌓기'가 아니었다. 일상의 공백을 채우고, 삶의 의미를 복구하는 과정이었다.

모든 세대를 위한 인생 성장의 교과서

나는 이 책을 세대 구분 없이 모든 이들에게 권하고 싶다.

- 청년에게는

자격증 준비가 '경쟁의 무기'가 아니라 자기 가능성을 깨우는 가장 현실적 방법임을 알려주는 책.

- 중장년에게는

인생 후반전은 언제든 새롭게 설계할 수 있으며, 한 걸음 내딛는 순간부터 인생 2막이 열린다는 용기를 주는 책.

- 노년에게는

배움은 나이를 초월하며, 늦은 시작이 오히려 더 깊은 의미를 만든다는 희망을 주는 책.

이 책은 단순한 '자격증 도전기'가 아니라 삶의 활력을 되찾는 회복의 기록이다.

행복에너지가 이 책을 만나 더 밝아지다

도서출판 행복에너지가 추구하는 가치는 명확하다. "책 한 권이 삶 하나를 변화시키게 하라."

『야무진 자격증 챌린지』는 그 기준을 넘어선 책이다. 성실함, 꾸준함, 책임감, 가족애… 이 모든 가치를 한 사람의 7년 도전기 속에 정직하게 담아냈다.

읽는 동안 나는 여러 번 마음이 뜨거워졌다. 이 책은 분명 대한민국 곳곳에서 다시 도전해보려는 수많은 사람들에게 큰 힘이 되어줄 것이다.

마지막으로, 저자의 새로운 목표를 향한 응원

배상권 저자님, 당신은 정말 야무진 사람입니다. 그리고 저는 확신합니다. 오늘의 이 책이 탄생한 것처럼, 앞으로의 5년도 또 하나의 놀라운 성취로 이어질 것입니다.

저는 5년 후, 당신이 '정보관리 기술사'에 당당히 합격해 당신의 도전 스토리를 완성하는 날을 진심으로 기원하고, 반드시 그날이 찾아오리라 믿습니다.

이채필이 던진 짱돌

이채필 지음 | 값 30,000원

이 책은 이채필 전 고용노동부 장관의 역경과 도전으로 가득찬 삶과 더불어 고용노동부 소속 공무원에서 시작하여 장관에 이르기까지 노동 관련 업무를 하면서 확립하고 지켜 온 노동 관련 행정에 관한 신념 및 그에 따른 행보를 다루고 있는 책이다. 대한민국의 갈등적 노사관계 해소를 위하여 시행했던 다양한 노사관계 개혁의 실행 과정과 함께 실무에 앞장선 행정가의 지혜가 고스란히 담겨있다.

중견기업 CEO와 비전공자를 위한 회계원리

노영래 지음 | 값 25,000원

이 책은 CEO와 창업자들에게 숫자가 아닌 그림과 사례로 회계의 원리를 이해하고, 경영자로서 필요한 정보를 읽어낼 수 있도록 돕는 데에 중점을 두고 있다. 그렇기 때문에 숫자 사용은 최대한 배제하고 있으며 회계를 이해하는 데에 필요한 필수 개념과 재무제표의 작성 원리를 도식, 그림과 함께 쉬운 문장으로 설명하는 데에 중점을 두고 있는 것이 특징이다.

밥상머리 교육에서 시작하는 우리 아이의 미래

신종우 지음 | 값 20,000원

이 책은 전통적인 '밥상머리 자녀교육'과 다문화 사회, AI 시대 등의 현대적 키워드를 결합하여 자녀교육의 새로운 길을 제시한다. 특히 이 책은 온 가족이 함께 밥상머리 규칙을 만들고 식사를 준비하는 등 부모들에게 '밥상머리'라는 기회를 통해 자녀와의 동등한 소통의 대화법을 제시하고 있는 것이 특징이다.

청렴 그 길을 묻다

박종성 지음 | 값 22,000원

한국건설기술연구원에서 33년간 연구 및 행정업무에 봉직한 바 있으며 현재는 청렴전문강사로 활동 중인 저자는 이 책『청렴 그 길을 묻다』를 통해 청렴교육의 당사자인 공직자들뿐만 아니라 일반 국민들도 가슴 깊이 담아두어야 할 '청렴'의 본질을 이야기한다. 특히 단순한 청렴 관련 법령의 나열에서 벗어나 인문학을 통해 청렴의 당위성을 이야기하고 공감 및 감동을 불러일으키고 있는 것이 이 책의 특징이다.

함께 보면 좋은 책들

대한민국을 위한 에너지 정책 길라잡이

문주현 외 12인 지음 | 값 17,000원

『대한민국을 위한 에너지 정책 길라잡이』는 모순적이고 유동적인 상황을 해결해야 하는 대한민국의 현실을 꼼꼼하게 짚는 한편, 탄소 발생을 최소화하면서도 미래 산업 발전에 필요한 양질의 전기를 생산하려면 원자력을 기반으로 하여 한국의 환경/기술에 걸맞은 친환경 재생에너지 발전으로 촘촘하게 보강되는 이른바 '에너지 믹스' 정책을 전개해야 한다고 제안한다.

독서와의 전쟁

최재혁 | 값 22,000원

이 책은 학창시절 '문제아 공고생'으로 불리던 저자가 어떻게 책을 통해 삶을 뒤바꾸고, 결국 언론사 대표로 성장했는지를 기록한 자기 변화의 이야기이다. 저자는 '독서는 즐거워야만 지속할 수 있다'를 기반으로 하여 독서와 글쓰기를 통해 성장하는 즐거움을 맛보는 과정을 가이드하는 한편 자신이 인상 깊게 읽었던 책들과 특히 독자들에게 추천하고 싶은 책을 소개하기도 한다.

그리움의 사중주

이한길, 김정선 지음 | 값 22,000원

이한길 시인의 네 번째 시집 『그리움의 사중주』는 그간 이한길 시인이 꾸준히 탐구했던 '사랑'이라는 주제를 더욱 심화시켜 더 깊이 있게 다듬어진 시어로 이야기하고 있는 작품이다. 또한 '문예빛단 신인상'으로 새롭게 시의 세계에 발걸음을 들여놓은 이한길 시인의 배우자 김정선 시인의 작품이 함께하여 부부이자 동시에 사제 관계가 어우러지는 문학적 교감이 시의 멋스러움을 더한다.

마음의 주인이 되는 길

공병영 지음 | 값 20,000원

이번 시집은 단순한 문학작품을 넘어 한 사람의 삶의 고백이자, 혼란스러운 시대를 살아가는 이들에게 전하는 치유와 회복의 메시지다. 책은 "삶의 본질은 외부의 성취가 아니라, 나의 마음을 주인으로 세우는 일"이라는 단순하지만 위대한 진리를 화려한 수사가 아닌, 치열한 체험에서 길어 올린 단순하고 깊은 언어로 두드린다. 또한 때로는 쓰라린 고백으로, 때로는 따뜻한 위로로 이 시집은 묻는다.

좋은 **원고**나 **출판 기획**이 있으신 분은 언제든지 **행복에너지**의 문을 두드려 주시기 바랍니다.
ksbdata@hanmail.net   www.happybook.or.kr   문의 ☎ 010-3267-6277

'행복에너지'의 해피 대한민국 프로젝트!

<모교 책 보내기 운동> <군부대 책 보내기 운동>

한 권의 책은 한 사람의 인생을 바꾸는 힘을 가지고 있습니다. 한 사람의 인생이 바뀌면 한 나라의 국운이 바뀝니다. 그럼에도 불구하고 많은 학교의 도서관이 가난하며 나라를 지키는 군인들은 사회와 단절되어 자기계발을 하기 어렵습니다. 저희 행복에너지에서는 베스트셀러와 각종 기관에서 우수도서로 선정된 도서를 중심으로 <모교 책 보내기 운동>과 <군부대 책 보내기 운동>을 펼치고 있습니다. 책을 제공해 주시면 수요기관에서 감사장과 함께 기부금 영수증을 받을 수 있어 좋은 일에 따르는 적절한 세액 공제의 혜택도 뒤따르게 됩니다. 대한민국의 미래, 젊은이들에게 좋은 책을 보내주십시오. 독자 여러분의 자랑스러운 모교와 군부대에 보내진 한 권의 책은 더 크게 성장할 대한민국의 발판이 될 것입니다.